7. Verschleier dein Anliegen.

8. Lösch deine Spuren.

9. Benutze deine Zweifel,
um Sätze zu bilden.

10. Sei viele. Sei jung und alt,
weiblich und männlich,
hell und dunkel zugleich.

11. Mach dich unabhängig
von Lob.

12. Kehr um und entwirf
deine eigenen Regeln.

13. Ertränke deine Leser
und deine Vögel im Licht.

S. FISCHER

Antje Rávik Strubel widerspricht mit engagierter und zugleich poetischer Stimme dem täglichen Gezerre und Gezeter. Sie erzählt von Virginia Woolf und Selma Lagerlöf, von dem Griff nach den Sternen und dem Aufbruch ins Unbekannte. Diese kritischen, literarischen und persönlichen Reden und Essays spannen den Bogen vom Ende des 19. Jahrhunderts zum Beginn des 21. Jahrhunderts und blättern mit dem nötigen feministischen Hintersinn andere Seiten der gesellschaftlichen Landkarte auf.

Antje Rávik Strubel lebt in Potsdam. Mit ihrem ersten Roman tauchte Rávik auf (zunächst noch Rávic). Es folgten u.a. die Romane »Tupolew 134«, »Kältere Schichten der Luft«, »Sturz der Tage in die Nacht« und »In den Wäldern des menschlichen Herzens«. Ihr literarisches Werk wurde mit zahlreichen Preisen geehrt, darunter dem Preis der Literaturhäuser 2019. Der Roman »Blaue Frau« wurde mit dem Deutschen Buchpreis 2021 ausgezeichnet. Antje Rávik Strubel übersetzt u.a. Joan Didion, Monika Fagerholm, Lucia Berlin und Virginia Woolf.

Weitere Informationen finden Sie auf
www.fischerverlage.de

Antje Rávik Strubel

Es hört nie auf, dass man etwas sagen muss

Essays

S. FISCHER

Aus Verantwortung für die Umwelt hat sich der S. Fischer Verlag zu einer nachhaltigen Buchproduktion verpflichtet. Der bewusste Umgang mit unseren Ressourcen, der Schutz unseres Klimas und der Natur gehören zu unseren obersten Unternehmenszielen.

Gemeinsam mit unseren Partnern und Lieferanten setzen wir uns für eine klimaneutrale Buchproduktion ein, die den Erwerb von Klimazertifikaten zur Kompensation des CO_2-Ausstoßes einschließt.

Weitere Informationen finden Sie unter:
www.klimaneutralerverlag.de

FSC
www.fsc.org
MIX
Papier aus verantwortungsvollen Quellen
FSC® C014496

Erschienen bei S. FISCHER

2022 S. Fischer Verlag GmbH,
Hedderichstr. 114, D-60596 Frankfurt am Main

Umschlaggestaltung: Judith Schalansky unter Verwendung des Gemäldes »Una, Lady Troubridge« von Romaine Brooks
Satz: Fotosatz Amann, Memmingen
Druck und Bindung: GGP Media GmbH, Pößneck
Printed in Germany
ISBN 978-3-10-397170-5

Für Zaia

Inhalt

1 Woolfs Erbe

Dankesrede zum Deutschen Buchpreis

Ich wusste: Sollte ich diesen Preis bekommen, würden mir die Worte fehlen. Nicht Worte der Dankbarkeit. Es gibt viele Menschen, denen ich sehr dankbar bin: aus meinem Verlag, meiner Agentur und Silvia Bovenschen, der dieser Roman gewidmet ist.

Ich wusste auch: Ich kann nicht sprachlos vor Ihnen stehen. Nicht in diesen zänkischen Zeiten. Und vor allem nicht nach Erhalt eines Preises (für den ich der Jury herzlich danke), der einem Roman gilt, der die erzwungene Sprachlosigkeit einer jungen Frau umkreist und ihr Vermögen, sich der Sprache und damit der gesellschaftlichen Sichtbarkeit wieder zu bemächtigen.

Am liebsten hätte ich über Sprache reden wollen, Sprache als ästhetischer Spielplatz, als etwas, das für uns alle, die wir schreiben, so elementar ist. Für Lucia Berlin war sie die Brücke über den Abgrund, für mich ist sie ein Ort des Berauscht- und Entrücktseins und zugleich Irritation und Wagnis. Aber sobald ich darüber sprechen will, übertönen mich Gezerre und Gezeter, und ich lande mitten in einem furchtbaren

Krieg; dem Krieg, der heute verbissen um Bezeichnungen und Benennungen geführt wird, also darüber, wer wir sein dürfen und wer das Sagen darüber hat. Der damit verbundene Hass ist befremdlich und bedrohlich, aber ist er nicht auch schrecklich *normal*? Kriege wurden schon aus geringfügigeren Anlässen geführt!

Das muss ich ansprechen, wenn mich das Licht der Öffentlichkeit streift. Schließlich schreibe ich seit Jahren Figuren, die dem, was allgemein als *normal* gilt, als selbstverständlich, ganz selbstverständlich widerstehen. Die eher auf die Schlupflöcher in dieser Normalität verweisen (oder sollen wir »Norm« sagen?), weil sie keine Möglichkeit oder kein Interesse daran haben, sie für sich zu beanspruchen. Weil diese Normalität nur deshalb normal ist, weil sie da ist, und nicht etwa, weil sie gut ist. Eine der weniger subtilen Strategien zur Sicherung dieser Bastion ist ja das Bashing einer Haltung, die sich weigert, länger mit dem üblichen »Jetzt habe dich nicht so«, »Stell dich nicht so an« auf die Erfahrung von struktureller Demütigung, Gewalt oder bloß Ignoranz zu reagieren. Also das Bashing von – jetzt hätte ich fast »politische Korrektheit« gesagt! Ein schmutziger Begriff! So schmutzig, wie es bis vor kurzem auch das Wort »Feministin« noch war. Für Virginia Woolf ein korruptes Wort, das nur noch dazu diene, diejenigen auszuschließen und zu demütigen, die es einmal bezeichnet habe.

Solche Worte, schreibt Woolf, werden von »Klingel-an-der-Tür-und-renn-weg-Männern« zum Verunglimpfen benutzt. Eine Beobachtung, die auch Ihnen vielleicht irritierend bekannt vorkommt. Das Internet ist voller »Klingel-an-der-Tür-und-renn-weg-Männer«. Die Demokratie gefährden jene, die das Ende ihrer jahrhundertealten Meinungshoheit zum Ende der Meinungsfreiheit erklären.

Aber ist es denn nicht selbstverständlich, dass man mit dem Namen angesprochen werden möchte, unter dem man sich auch angesprochen fühlt? War das für die, die heute am lautesten schreien, nicht immer selbstverständlich?

Vielleicht ist es ja zu einfach, um für wahr gehalten zu werden. Da werden wir misstrauisch. Kann es wirklich so einfach sein?

»Vielleicht muss das Selbstverständliche erst wieder unverständlich werden, um selbstverständlich zu bleiben.« Das ist ein Satz von Ilse Aichinger, der auch daran erinnert, dass die Sprache beweglicher ist und wandelbarer als wir in unseren Gewohnheiten. (Obwohl wir sie ja angeblich erfunden haben.)

An dieser Wandelbarkeit habe ich Freude, an einer Sprache, in der Spielen ausdrücklich erwünscht ist, die ins Stolpern kommen darf und Ungesichertes aushält. Und bei aller Freude am sprachlichen Wagnis, am beweglichen Wort, ist eines sonnenklar: Rávik und ich sind Schriftstellerin (nicht: Schriftsteller), und als solche manchmal ausgezeichnet mit einem Sternchen!

(18.10.2021 im Kaisersaal des Frankfurter Römer)

Gendergewänder: Ein Kuss ist schöner mit ß

Etwas fehlt mir beim Schreiben. Nicht erst seit der Arbeit an meinem jüngsten Roman »Blaue Frau«. Es fehlt schon länger. Anfangs fand ich keine gute Erklärung dafür, wusste nicht einmal, wie das, was das Gefühl des Mangels auslöste, zu benennen wäre. Aber so seltsam das klingen mag: Mir fehlten die Worte. Beispielsweise war es schwierig, einen menschlichen Körper zu beschreiben, ohne preiszugeben, ob es sich um einen Jungen oder ein Mädchen handelt. Manchmal wäre das der Spannung dienlich gewesen.

In »Kältere Schichten der Luft« machte die Wandelbarkeit des Geschlechts den eigentlichen Kern der Geschichte über zwei Frauen Anfang 30 aus, die miteinander eine heterosexuelle Liebesgeschichte zweier Teenager erleben. Eine von ihnen wird, begehrend, ein Junge. Ich begnügte mich mit einer erzählerischen Umleitung und wechselte zwischen der Ich-Erzählung und der personalen Perspektive des »er« hin und her. Die Übergänge blieben unbenannt. In »Blaue Frau« wiederum ist die Hauptfigur dem Anschein nach weiblich. Sie verliebt sich in einen estnischen

Politikwissenschaftler und EU-Abgeordneten. Gleichzeitig sagt sie von sich, sie sei keine Frau. Ein Mann sei sie allerdings auch nicht. Das sprachlich nachzuvollziehen machte Probleme. Mir stand nur »sie« zur Verfügung. Mittlerweile gibt es Stützräder wie das Pronomen »xier«. Es zu benutzen hätte allerdings bedeutet, den Roman, in dem es um ganz andere Dinge als das Geschlecht der Hauptfigur geht, einer aggressiven politischen Debatte auszuliefern. Es hätte außerdem einen ungewollten Verfremdungseffekt hervorgerufen. Noch gehört »xier« der Sphäre einer experimentelleren Ästhetik an.

Im Schwedischen gibt es »hen«, das sich harmonisch zwischen »han« und »hon« schmiegt und bisher, soweit ich weiß, keine Proteststürme auslöste. Ebensowenig wie das elegante »s/he« im Englischen, wobei »they« mittlerweile häufiger im Umlauf ist. Im Finnischen braucht es solche Erweiterungen gar nicht erst, da sich das Geschlecht eines Menschen aus dem Kontext ergibt, was auch bedeutet, dass es sich immer wieder und auch anders ergeben kann. Das Finnische hält den Raum des Möglichen offen.

Apropos Worte. Neulich stieß ich auf eine kuriose Sache. Beim Übersetzen von Virginia Woolfs großem Essay »Drei Guineen« erfuhr ich erstaunt, dass sie das Wort »feministisch« mit Vergnügen verbrennen würde. Ausgerechnet Woolf. Keine andere Schriftstellerin hat so früh wie sie den ursächlichen Zusammenhang von Krieg und Patriarchat herausgearbeitet. Ich beschloss, diese Aussage für einen produktiven

Widerspruch innerhalb ihres visionären feministischen Textes zu halten. Offenes Denken kommt selten ohne Widersprüche aus. Woolf jedoch bezeichnet das Wort als »korrupt«. Und schnell wurde klar: Nicht dem Feminismus und seinen Anliegen gilt Woolfs Entrümpelungsfuror, sondern einem Wort, das sie, einst hilfreich, nun, 1938, als kontaminiert betrachtet, weil es nur noch dazu diene, diejenigen auszuschließen und zu demütigen, die es einmal bezeichnet habe. Nur »Klingel-an-der-Tür-und-renn-weg-Männer und Unruhestifter« würden dieses Wort, schreibt Woolf, in Zukunft noch benutzen.

Diese Beobachtung ist irritierend bekannt. Auch unsere Zeit kennt zur Genüge Wörter, die, ihrer einstigen Bedeutung beraubt, zur Verunglimpfung dienen, und Klingel-an-der-Tür-und-renn-weg-Männer sind unschwer als Trolle zu erkennen. Selbst wenn solche Wörter nicht gleich verbrannt gehören, haben sie zweifellos eine Pause verdient. Und so wie die Sprache (wir) Wörter verschleißt, hat sie ein Bedürfnis nach neuen. Da bin ich mit Virginia Woolf einer Meinung: Immer fehlen einem die Worte für bisher Ungesagtes. Für bisher Unsichtbares.

Glücklicherweise tauchen im Wandel der Sprache – dem Wandel der Zeiten geschuldet – Wörter und Zeichen auf, deren Ausdruckskraft sich häufig an der Kraft des Gegenwindes messen lässt, der sie empfängt. Ein Beispiel aus jüngster Zeit ist das *. Mit seiner Hilfe werden ehemals in schattenhaftes Dasein Verbannte nicht konformen Geschlechts sprachlich sichtbar. Das gefällt mir. Vielleicht gefällt mir daran vor allem, dass das * kein Wort ist, keine Benennung im herkömmlichen Sinne, kein weiteres Label, das ein Leben aufspießt wie einen toten Schmetterling, sondern einfach zwischen den Buchstaben hervorstrahlt. Es sorgt für einen leichten Schwindel, eine Ver*rückung innerhalb eines Wortes. Der gewohnheitsmäßige Trott unserer Wahrnehmung kommt kurz ins Stolpern. Als Schriftstellerin neige ich zur kleinen Irritation, zum ästhetischen Spiel. Erfindungen wie diese kurbeln meine Phantasie an. Wer hat dieses geniale * eigentlich erfunden?

Nun bläst ihm aber der Vorwurf entgegen – ich unterstelle hier durchaus Kalkül –, ein nerviges Gendern der Gesellschaft provoziert zu haben. Vorher, so die Suggestion, hätte ein quasi paradiesischer Zustand geherrscht, die Wissenschaft wäre objektiv gewesen, die Liebe voller Liebesspiel, in der Sprache wäre es vernünftig zugegangen, und man hätte überhaupt seine Meinung sagen dürfen. Kurz: Geschlecht hätte nicht die geringste Rolle gespielt. Nun wäre das alles hin und zum – was? Man darf ja nicht einmal mehr »zum Teufel!« sagen! Zu*r Teufel*in?

Die ganz und gar nicht paradiesische Ordnung, das muss nicht ausgeführt werden, ist eine jahrhundertelang von Männern fabrizierte und damit zutiefst gegenderte Gesellschaft. Man muss schon Mann sein, um mitreden zu können. Alle anderen sind bestenfalls »mitgemeint«, wie es das generische Maskulinum sprachlich bis heute schön veranschaulicht.

Wir Menschen sind Gewohnheitstiere. Gewohnheiten ergeben sich aus Gesetzen, Brauch und Tradition, dem »Tanz um den Maulbeerbaum«, wie Virginia Woolf das sarkastisch nennt. Auch das generische Maskulinum ist so ein ritualisierter Tanz, seit es in den 1960er Jahren zum ersten Mal in deutschen Grammatiken auftauchte. Eine »Gebrauchsgewohnheit«, präzisiert Wikipedia, die eine mittlerweile vergangene Wirklichkeit abbildet, indem sie »maskuline Personen- oder Berufsbezeichnungen verallgemeinernd« gebraucht »für Personen, deren Geschlecht unbekannt oder nicht von Bedeutung ist«. Unbekannt oder nicht von Bedeutung. Das beträfe beispielsweise mich. Das Schöne an Gewohnheiten ist, dass sie sich ändern können. Sie sind nicht in Stein gemeißelt. »Überschütten Sie den Baum mit Gelächter!«

Gesetze, Brauch und Tradition machen es oft schwierig, das Offensichtliche zu sehen: Mit dem Sternchen geht ein Entgendern der Gesellschaft einher, ein Entgrenzen des starren zweigeschlechtlichen Korsetts von Körper und Geist. Diejenigen, die sich das Verteufeln des Sterns zur Aufgabe gemacht haben, sollten, um das Ziel nicht zu verfehlen, zunächst wissen, was sie verteufeln: das Entfernen der Kategorie Geschlecht als Auswahlkriterium für alles und jedes aus dem gesellschaftlichen Machtgerangel, als Kategorie, die auf dem Ein- und Ausschließen basiert, auf Rivalität und Konkurrenz, die in der Konsequenz immer ans selbe Ende führt: zu Kampf und Krieg.

Nicht von ungefähr ist der Stern kein Herrschaftssymbol. Sterne gibt es viele. Sie sind über den ganzen Himmel verstreut und funkeln alle unterschiedlich.

Statt uns aber am Gefunkel zu erfreuen: ein Gezerre, ein Gezeter, ein furchtbarer Krieg. Führte man solche Kriege eigentlich einst auch um i-Punkte? Die entscheidendere Frage ist: Warum redet niemand über das ß? Was mich in Rage versetzt, und dafür würde auch ich ein Gezeter anzetteln, ist das langsame Sterben dieses außergewöhnlichen, maßgeblichen, großen und scheußlich außer Acht gelassenen Buchstabens. Auch das ß fehlt mir beim Schreiben. (Auf Beschluss einiger weißer Häupter wurde es weitgehend abgeschafft. Um was zu verbessern? Wem nützlich zu sein?)

Ich eszette zwar stoisch und konsequent, schreibe Kuß, Genuß und Verdruß, aber die Korrektor*innen im Verlag redigieren mir das jedes Mal heraus. Ein Kuss mit Doppel-s? Wie flüchtig, wie einfallslos! War es nicht das Schöne an der deutschen Sprache, daß (!) auch sie phantasievoll und verspielt sein kann, worin ihr das Amerikanische gewöhnlich haushoch überlegen ist? Ein s, das ein anderes Huckepack nimmt, um es über den Fluß (!) zu tragen, so lernten wir das in der Schule. Das ist nicht nur solidarisch, das ist poetisch! Und endet zuweilen mit einem Kuß als Dank an dien (ja, bitte so stehen lassen!) Träger*in. Darüber hinaus ist das ß ein Buchstabe, den das Deutsche ganz für sich allein hat; umso mehr müßte er den Patriot*innen unter den Hüter*innen der deutschen Sprache am Herzen liegen. Aber die sind gerade auf den Schlachtfeldern des »Krieg der Sterne« unterwegs und haben das eigentlich Wichtige aus den Augen verloren.

(2021)

Woolfs Erbe

Eine junge Frau im roten Kleid und mit Pilotensonnenbrille möchte ein Foto von sich am sommerlichen Gewässer. Bevor ihr Begleiter auslöst, ruft sie: »Warte! Ich möchte ein Bild ohne deinen Schatten auf mir.« Diese Szene ereignet sich am Darßer Hafen von Born. Auf der Bank nebenan sitzen drei ältere Männer. Wir schauen gemeinsam zum Bodden. Der Mittlere monologisiert seit einer Weile über deutsche Universitäten, an denen alles mit einer Genderideologie durchtränkt sei. »Eine übereifrige Sprachpolizei«, erbost er sich, »will statt der Bezeichnung ›Professorin‹ oder ›Professor‹ lieber ein X ans Ende des Wortes setzen. Absurd!«

Es ist der Sommer 2019. Eine Zeit, in der Frauenfeindlichkeit wieder spürbarer und oft unverhohlen geäußert wird. In der sich eine nach rechten und rechtskonservativen Mustern genormte Männlichkeit aggressiver äußert und in mehr als einem europäischen Land nationalistische Mauern errichten will. Zugleich ist es die Zeit eines global erstarkenden Feminismus. Eine Zeit, in der der Feminismus die weltweit stärkste ungehorsame Kraft zu sein scheint und angstfreie junge Frauen keine Lust mehr auf die Welt der »Mad Men« haben. Es ist der Sommer nach *#metoo*. Ich staune über die Männer neben mir auf der Bank. Sie wirken gebildet, und doch scheint ihnen nicht der Gedanke zu kommen, dass Genderideologie keine neue Erfindung ist. Dass menschliche Gesellschaften, seit es sie gibt, nicht nur von Geschlechterideologien durchdrungen sind, sondern von ihnen überhaupt erst hervorgebracht werden. Es gibt keine Gesellschaft ohne Geschlecht und damit verbundener Hierarchien des Ein- und Ausschließens, so wenig wie es die Menschen, die diese Gesellschaften sind, oder die Sprache, in der sie sich über ihre Gesellschaft verständigen, ohne geschlechtliche Zuschreibungen gibt. Gesellschaft, Körper und Sprache sind fabriziert. Und doch scheinen diese offenbar gebildeten Männer zu glauben, es hätte, als die männliche Berufsbezeichnung die dominierende war, eine irgendwie neutrale oder natürliche geschlechtsfreie, quasi vegetative, wie Algen am Boddengrund gewachsene Sprache gegeben, die erst jetzt von ein paar besserwisserischen, politisch korrekten Freaks verstümmelt werden soll. Sie schauen wie ich zum Wasser und sehen doch nur ihre eigene Spiegelung.

Aber so ist das, denke ich, als die Frau im roten Kleid einen beschwingten Schritt in ihr Foto hineinmacht, auf dem sie ohne den Schatten des Mannes zu sehen sein wird: Wenn das Ich so monumental und ungebrochen vor der Welt steht, dass die Welt und ihre Vielfalt nicht mehr zu sehen sind, sitzt man leicht einer Verwechslung auf und hält dieses Ich für ihren natürlichen Ausdruck.

Das X führt keine Ideologie in eine scheinbar ideologiefreie, paradiesische Zone ein, sondern steht für einen Systemwechsel. Die fabrizierte Ordnung eines alle dominierenden Geschlechts hat sich verbraucht. 2000 Jahre haben sie ausgelaugt, was sich an der eintönigen Wiederholung immer gleicher Lösungsansätze auf allen Feldern des Gesellschaftlichen zeigt. Das ist es, was die Männer auf der Bank erbost. Die Veränderung bringt sie aus der Fassung.

»Frauen haben in all diesen Jahrhunderten als Spiegel gedient, ausgestattet mit der magischen und köstlichen Kraft, die Gestalt des Mannes doppelt so groß wiederzugeben. Ohne diese Kraft wäre die Erde sicher noch Sumpf und Dschungel«, schreibt Virginia Woolf in ihrem polemischen, radikalen Essay »Ein Zimmer für sich allein«. Im Moment fallen mir zu den verschiedensten Gelegenheiten Sätze von Virginia Woolf ein. »Das Abbild im Spiegel ist von höchster Wichtigkeit, weil es die Lebenskraft auflädt, es stimuliert das Nervensystem. Nimm es weg, und der Mann könnte sterben, wie der Drogensüchtige, dem das Kokain entzogen wird«, schreibt sie weiter.

Der Sommer 2019 ist der Sommer, in dem Woolfs Essay seit 90 Jahren in der Welt ist. Sie veröffentlichte ihn 1929 auf der Grundlage zweier Vorträge, die sie zuvor an der Universität Cambridge vor Studentinnen gehalten hatte; am Girton und am Newnham

College, deren Namen sie im Essay zu dem fiktiven Fernham verschmilzt. Während Deutschland die Jubiläen großer Männer feiert, Fontane, mal wieder Humboldt, begehe ich einen großen Virginia-Woolf-Sommer. Zunächst zögerte ich, als mir die Übersetzung dieses Essays angetragen wurde. Zu große Ehrfurcht vor dieser visionären, sprachgewaltigen Schriftstellerin, die Jahrhundertwerke wie »Zum Leuchtturm«, »Die Wellen« oder »Mrs Dalloway« geschaffen hatte, und mangelndes Hintergrundwissen – die Literatur im England des ausgehenden 19. und beginnenden 20. Jahrhunderts hatte ich im Studium nur gestreift – erschienen mir nicht als die besten Voraussetzungen zum Übersetzen.

»Mit etwas Zeit und etwas Bücherwissen im Kopf«, befindet Virginia Woolf mit der ihr eigenen feinen Ironie, »sollten Sie auf jeden Fall zu einer weiteren Etappe Ihrer sehr langen, sehr mühevollen und höchst undurchsichtigen Laufbahn aufbrechen.« Da hatte sie recht. Das war nicht nur eine für sie typische Zuspitzung, das war eine Einladung! Und eine Einladung Virginia Woolfs schlägt man nicht aus. Zumal ich längst von der Zwanglosigkeit und Offenheit ihres Essays ergriffen war, von dieser Unbeirrtheit des Denkens, der Gegenwärtigkeit und Genauigkeit ihrer Analyse, der Zeitlosigkeit, Dynamik und Verspieltheit ihrer Sprache und einer Eleganz des Stils, die die bisherigen deutschen Übersetzungen, so korrekt sie sind, nur bedingt wiedergeben. *Das* war es, was mich antrieb.

Woolfs erfahrungs- und wissensgesättigter Witz,

ihr beißender Spott rissen mich hinein in den Strom ihrer Gedanken, und der Strom ist es, der dem Essay seine unverwechselbare Form gibt. Als Metapher angelt Woolf ihn aus dem Konkreten: Der Fluss, an dem sie sinnend sitzt, veranschaulicht ihre assoziative Denkbewegung, und später lässt sie den Gedankenstrom wieder zurückgleiten wie den imaginären Fisch ins Konkrete, in den Verkehrsfluss, in dem ein Taxi Mann und Frau gemeinsam davonträgt als Veranschaulichung des androgynen Geistes der Schriftstellerin. So spielend gewinnt sie aus dem Gegenstand Gedanken und führt sie zurück zum Gegenstand.

Ihr Vortrag, warnt sie ihre Zuhörerinnen gleich zu Beginn, lasse »das große Problem der wahren Natur der Frau und der wahren Natur der Literatur ungelöst. Ich habe mich vor der Aufgabe, in diesen beiden Fragen zu einem Schluss zu kommen, gedrückt – Frauen und Literatur bleiben, was mich betrifft, ungelöste Probleme.«

Das ist mehr als die rhetorische Replik der Essayistin, zunächst das eigene Scheitern zu thematisieren, um dann frei von der Last der Gelingenserwartung in einen umso gewagteren Denkversuch zu starten. Schon hier blitzt das feine, funkelnde Lächeln auf, das über dem gesamten Vortrag liegt. Woolf wurde darum gebeten, über Frauen und Literatur zu sprechen, in der Annahme, eine wie auch immer geartete »Natur der Frau« führe zu einer andersgearteten »weiblichen Literatur«, die von der eigentlichen, der »richtigen« Literatur, abweiche, womit die der Männer gemeint war. Nur: Ist das Problem der wahren Natur der Frau vielleicht gar nicht ihres?

Als »Kinkerlitzchen« beschrieb Woolf einmal ihren Text, der neben »Drei Guineen«, dem pazifistisch-feministischen Großessay von 1939, zu den politischsten Äußerungen einer Schriftstellerin zählt, die alles Politische rigoros aus dem literarischen Erzählen und der ästhetischen Vision herausgehalten wissen wollte. Ihrem glänzenden Understatement fügt sie hinzu: »Aber ich schrieb es mit Leidenschaft und Überzeugung.«

Mit Leidenschaft und Überzeugung geschriebene Kinkerlitzchen stellen, wenn schon keinen Widerspruch, so doch eine Ambivalenz dar, die Selbstironie und Selbstreflexion Raum bietet: Virginia Woolf war sich bewusst, dass ihre mutigen Thesen auf eine Öffentlichkeit trafen, die noch allzu geschult darin war, Frauen als Eigentum des Mannes zu betrachten und schreibende Frauen als Gegenstand von Hohn und Spott. Erst seit 1882 durften Frauen in England Eigentum besitzen, seit 1918 einen Beruf ausüben und wählen. Trotz ihres literarischen Ansehens hatte Woolf allen Grund zur Befürchtung, »als Feministin angegriffen und als Saphistin hingestellt«, nicht ernst genommen zu werden, und spielt die Wichtigkeit des Vortrags im Allgemeinen herunter, indem sie seine persönliche Bedeutung betont.

Persönlich bedeutsam war dieser große Essay in mehr als einer Hinsicht: 1928, als Woolf ihre Vorträge in Cambridge hielt, hatte sie im September eine

Woche allein mit der Dichterin, Journalistin und Gartenarchitektin Vita Sackville-West in Frankreich verbracht. Die intensive Beziehung, die Entdeckung der Leidenschaft und des sexuellen Begehrens für diese Frau mögen Woolfs Blick geschärft haben und befeuerten ihren großen Roman »Orlando«, der im Oktober desselben Jahres erschien und von Vita Sackville-Wests Sohn nicht von ungefähr als »längster Liebesbrief der Literaturgeschichte« bezeichnet wurde. Darin verkörpert Orlando, junger Edelmann des 16. Jahrhunderts, der nach einer Zeiten-, Welten- und Geschlechterreise als junge Frau im Jahre 1928 ankommt und Schriftstellerin wird, genau jenes androgyne Wesen, das Woolf vor den Studentinnen der Colleges zur Voraussetzung literarischen Schaffens erklärte.

Bei einer Schriftstellerin, deren Flussbett des Denkens derart mehrdeutig und anspielungsreich mit Ironie geflutet ist, geht das Herunterspielen der Wichtigkeit dessen, was sie zu sagen hat, locker über eine bloße Vorsichtsmaßnahme hinaus. Es ist auch ein Spiel mit dem »Buchstaben *I*«, diesem Ego, dessen kompakter Schatten so groß über den Buchseiten bestimmter männlicher Schriftsteller liegt, dass nichts anderes mehr sichtbar ist. Woolfs erzählendes Ich hingegen ist ungesichert, fragmentiert, vielfältig, widersprüchlich, Ausdruck eines Bewusstseins, dessen Stabilität und Einheitlichkeit sie in ihren Romanen immer wieder hinterfragte, an der Spitze einer literarischen Moderne stehend, an die nur James Joyce oder Gertrude Stein ihr folgen konnten. »Nennen Sie mich, wie immer es Ihnen gefällt (...) das ist nicht von Bedeutung.«

Doch mit dem ihr eigenem, funkelndem Witz gibt sie ihrer Ich-Erzählerin zugleich die Namen der Gefährtinnen Maria Stuarts, wie sie in der Ballade »The Four Marys« stehen: »Mary Beton, Mary Seton, Mary Carmichael«, gesungen von Mary Hamilton am Vorabend ihrer Hinrichtung ...

Die öffentliche Hinrichtung nach der Veröffentlichung von »Ein Zimmer für sich allein« blieb aus. Auch dank des unterhaltsamen Stils fanden Woolfs hellsichtige Argumente schnell großen Anklang und galten bald als das Wichtigste, was im 20. Jahrhundert zum Thema Frauen und Literatur geschrieben wurde.

Erst zehn Jahre später, mit dem Erscheinen von »Drei Guineen«, sollte sich Woolfs Befürchtung bewahrheiten, für ihre politischen Aussagen im übertragenen Sinne geköpft zu werden. Als sie nach dem Machtantritt Hitlers visionär den Zusammenhang zwischen dominanter Männlichkeit und Krieg untersuchte, wandten sich sogar Freunde von ihr ab, so radikal war sie da ihrer Zeit im Denken voraus.

In »Ein Zimmer für sich allein« scheint sie uns zu vermitteln: Zu einem Problem wird »die wahre Natur der Frau« erst in den Augen »großer Männer«. Als Woolf in der Bibliothek des British Museum ein Buch nach dem anderen aufschlägt, überbieten und widersprechen sich die abenteuerlichsten Vorstellungen imaginierter Weiblichkeit. Die Frau als ungelöstes

Problem hatte nicht zuletzt Sigmund Freud propagiert, der Femininität als »mysteriöses Gebiet« betrachtete, während Maskulinität sich für ihn ganz wie von selbst erklärte. Woolf hatte seit Beginn der 1920er Jahre Zugang zu Freuds Theorien, zunächst vermittelt durch die Gespräche im Bloomsbury-Kreis mit befreundeten Intellektuellen und Künstler*innen und die Veröffentlichung seiner Schriften in der Hogarth Press. 1939 begegnete sie Freud zusammen mit ihrem Mann Leonard in Wien persönlich. Ihre Haltung blieb kritisch. Das mag auch damit zu tun haben, dass Freud die künstlerische Fähigkeit aus der persönlichen Geschichte der Autorin generierte, was zurückführt zu jenem Geschlechtsbewusstein, dessen Abwesenheit Woolf ja gerade für unabdingbar hält, um im Schreiben wahrhaftig sein, um über »die Dinge an sich« schreiben zu können.

Geschlechtsbewusstsein bindet die Frau an ihre historisch-biographische Position der Machtlosen, der Außenseiterin, was Widerstand und Zorn auslöst, und zornig schreibt es sich so schlecht wie hungrig. Armut und Zorn, befindet Woolf, stören die Integrität und Klarheit eines Werkes, unabhängig davon, ob es sich um den Zorn der Männer handelt, ihre eingebildete Überlegenheit zu verlieren, oder um einen Zorn, wie Woolf ihn an sich selbst bei den Zurückweisungen in »Oxbridge« und der frauenverachtenden Lektüre der von ihr so bezeichneten »Maskulinisten« beobachtet. Sie kommt zu dem Schluss: »Es ist für alle, die schreiben, tödlich, an ihr Geschlecht zu denken.«

Heute lese ich das so: Es ist für alle, die leben, tödlich, an ihr Geschlecht zu denken. Es stört die Integrität und Klarheit eines Lebens. Das bedeutet nicht, Woolfs Text überzustrapazieren. Ähnlich wie beim Vorgang des Übersetzens, bei dem ein zeitloses Original in der anderen Sprache immer wieder aktualisiert wird, wird hier ein im Text verborgenes Körnchen Wahrheit von der Zeit herausgesiebt. Schon 1929 trifft Woolf die erstaunliche Aussage, dass »angesichts der Weite und Vielfalt der Welt zwei Geschlechter ziemlich unzureichend« sind. Mehr hält sie offenbar für angemessener. Wenn aber eine Vielzahl der Geschlechter jenes zweigeschlechtliche Modell ersetzt, bei dem sich zwischen den beiden, einander ausschließenden Geschlechtern ja nicht einmal wählen lässt, bedeutet das letztlich die Auflösung der Kategorie Geschlecht. Sie wird zur Nebensache, zum Kinkerlitzchen. Den Begriff des »Fluiden« konnte Woolf noch nicht kennen. Aber sie ahnte über das dem Reichtum der Welt Angemessene hinaus, dass Vervielfachung auch Enthierarchisierung bedeutet, Machtentzug der einen Gruppe über die andere, und Geschlecht etwas sein könnte, das nicht mehr und nicht weniger Bedeutung hat als die Farbe unserer Augen.

Aus heutiger Sicht ist leicht einzusehen, dass es *die* Frau ebenso wenig gibt wie *die* Literatur. Längst sprechen wir von Literaturen und haben gelernt, verschiedenste Formen von Weiblichkeit bis hin zur weiblichen Männlichkeit wahrzunehmen, also Männlichkeit, die sich an biologisch weiblichen Körpern äußert. Längst verstehen wir Geschlecht, wie das meiste in einer Gesellschaft, als Verabredung, als veränderbare Lesarten darüber, wie ein Körper zu einer Form kommt. Und doch werden umso hartnäckiger die alten Bastionen verteidigt und Vorstellungen wieder fester gezurrt, die davon handeln, wie Frauen und Männer von Natur aus – algengleich – sind.

Als mich kürzlich meine vierjährige Nichte darauf hinwies, dass ich lange Haare bräuchte, weil nur Jungs so kurze Haare hätten, wurde mir einmal mehr bewusst, wie wenig sich die Gegenwart von Woolfs Essay entfernt hat. Natürlich möchte ich gern etwas anderes glauben bei einem Abstand von 90 Jahren, in einem eigenen Zimmer, einem biologisch weiblichen, fluiden Körper über queere Beziehungen schreibend, ohne mich dafür wie Radclyffe Hall 1928 wegen Anstößigkeit vor Gericht verantworten zu müssen, universitär gebildet und mit Hilfe meines Verstandes annähernd die 500 Pfund verdienend, die heute etwa 30 000 Euro entsprechen, wobei ich damit laut der jüngsten Statistik der Künstlersozialkasse immer noch weit unter dem Durchschnittsverdienst meiner männlichen Kollegen liege.

Aber die »wahre Natur« wird auch heute noch gern bemüht, sobald es um die Sicherung von Machtpositionen geht (die Männer auf der Bank am Bodden waren immer schon Professor, ergo ist das von Natur aus so), und Vierjährigen bereiten die kleinsten Abweichungen von der propagierten Natur der zwei Geschlechter Probleme, weil sich der Rosa-Blau-Graben zusehends wieder vertieft. Und wenn Woolf – lange vor den Postcolonial Studies und fast in einer Nebenbemerkung – den Drang zur Inbesitznahme seitens eines »Alf, Bert und Chas« aufs Korn nimmt, die bei jeder Wegmarkierung das »unwiderstehliche Verlangen« überkommt, »den Namen hineinzumeißeln«, »Fahnen zu hissen«, ist sie auf der Höhe heutiger politischer Debatten. Sei es »ein Stück Land«, ein Hund, eine Frau oder »ein Mann mit krausem schwarzem Haar«; dieser anmaßende Rechtsanspruch, andere zu besitzen, Eigentümer eines anderen Geschlechts oder einer anderen Kultur zu sein, dient nach wie vor zur Sicherung prekärer männlicher Herrschaft.

Sollen nicht im Augenblick Frauenkörper wieder einmal zu passiven Soldatenproduzenten degradiert und der Kontrolle des Mannes unterstellt werden? Anders lassen sich die neuerlichen Anstrengungen gegen Abtreibung und Empfängnisverhütung kaum verstehen, die ausgerechnet aus einem Land wie den USA Aufwind erhalten. Denn nicht nur im mittlerweile frauenfeindlich regierten Polen wäre die Deutlichkeit dringend nötig, mit der Kamala Harris kürzlich einen Richter am Supreme Court fragte, ob er in der Geschichte der Gesetzgebung ein einziges Gesetz kenne, das je in den Körper des Mannes eingegriffen habe? In den Körper der Frau staatlich einzugreifen scheint hingegen eine Selbstverständlichkeit.

Eine sich wie selbstverständlich, qua Natur, im Besitz der Weltweisheit wähnende Haltung, die in ihrer Ignoranz der Welt mehr schadet als nützt, solange sie sich dem Nachdenken über die eigene Subjektposition verweigert, existiert an den Schaltstellen von Wirtschaft, Politik und Medien auch in Deutschland noch immer. Für Woolf, die in ihrem Essay »Drei Guineen« erklärte: »Als Frau habe ich kein Land – als Frau ist mein Land die ganze Welt«, ist der Überlegenheitswahn einer Nation, eines Geschlechts, einer Kultur über andere Ausdruck einer patriarchalen, kriegstreiberischen Ordnung, in die wir nun, 90 Jahre später, mit offenen Augen wieder tiefer hineinzuschlittern drohen.

Am Vorabend des Zweiten Weltkrieges mahnte sie hellsichtig: »Lassen Sie uns nie aufhören zu denken – was ist diese ›Zivilisation‹, in der wir uns befinden? Was sind das für Zeremonien, und warum sollten wir daran teilnehmen?«

Auf der Bank am Bodden bin ich allein zurückgeblieben. Die Männer verschwinden im teuersten Restaurant am Ort. Ich werde mir in meiner Ferienwohnung ein einfaches Abendessen zubereiten, Roggenbrot und Räucherfisch (Woolf hätte das wohl so verabscheut wie Backpflaumen), während im Fernsehen das Finale der Frauenfußballweltmeisterschaft USA gegen die Niederlande läuft. Megan Rapinoe wird den spielentscheidenden Elfmeter schießen. Klarer als in diesen allen verständlichen Bildern des Sports lässt sich kaum verdeutlichen, wie gigantisch sich die Dinge in den letzten 90 Jahren dann doch verändert haben. Frauen sind nicht nur nicht länger »unfähig, Fußball zu spielen«, wie Virginia Woolf noch vermuten musste. Eine Fußballerin kann mittlerweile neben der Fähigkeit und Stärke, einen Elfmeter zu verwandeln, auch die Fähigkeit und Stärke besitzen, die Form, die Gestalt einer ganzen Gesellschaft zu verwandeln. Diese Verwandlung schlägt sich sprachlich nieder, und zwar nicht weil ein paar abgehobene Akademiker*innen das beschließen, sondern weil die Menschen, die bisher marginalisiert oder nicht einmal wahrgenommen wurden, ihr Vorhandensein in der Sprache einfordern. Denn immer noch gibt es die »nie festgehaltenen Gesten, diese unausgesprochenen oder nur halb gesprochenen Worte«, die es »einzufangen« gilt, wie Woolf schon in »Ein Zimmer für sich allein« feststellte.

Ob Megan Rapinoe Woolfs Essay gelesen hat, weiß ich nicht. Aber auch ohne die Lektüre hat sie wie ich Woolfs Erbe angetreten. Die Ausstrahlung und enorme Bedeutung eines Textes zeigen sich ja nicht zuletzt daran, dass er zu einem selbstverständlichen Teil unseres Bewusstseins geworden ist.

(2019)

Die unerhörte Logik der gleichen Berechtigung

Rede zum Festakt anlässlich von 100 Jahren Frauen in der Politik

Verwirren. Unterwandern. Aufweichen! Ausdehnen! Verwirren!

Dorthin, wo die Nachtschiffe liegen, auslaufbereit, hinter der Schläfe, in Richtung von Himmeln, die rätselhaft bleiben. Einmal hinaussegeln aus dem klaren menschlichen Gerüst, hin zu Orten, wo es keine universalen, sondern multiversale Menschenbilder gibt, einmal hinter die Karte gelangen, hinter die Körperkartographie!

Aber, werden Sie sagen, wir haben Sie gebeten, über 100 Jahre Frauen in der Politik zu sprechen – Was hat das mit Segeln zu tun?

Als ich die Anfrage zu diesem Vortrag bekam, setzte ich mich in mein Zimmer für mich allein, und folgender Satz ging mir durch den Kopf: *Es ist denkbar, dass Menschen ihre Energie manchmal auf etwas Ersehntes hin so ausrichten, dass es in Erscheinung tritt.*

Ich prüfte den Satz auf seine Anwendbarkeit: Tatsächlich, als Jugendliche richtete ich meine ganze Energie darauf aus, Schriftstellerin zu werden, und obwohl außer meiner Leidenschaft für Literatur nicht viel dafürsprach, bin ich es geworden. Abgesehen von der familiären Unterstützung gelang mir das nur, weil ich – frei nach dem Energieerhaltungssatz – die Energie jener Schriftstellerinnen in Eigenernergie umwandelte, die vor mir ebenfalls das geworden waren, was sie sein wollten, Virginia Woolf, Djuna Barnes, Joan Didion. Ihre Energie wiederum speiste sich auch aus der Energie von Politikerinnen, wie jener ersten sechs in der Stadtverordnetenversammlung von Potsdam, die auf etwas Ersehntes hin so ausgerichtet war, dass es in Erscheinung trat: gesellschaftliche Mitbestimmung. Beachten Sie die Zahl sechs. Heißt es nicht: Sechse kommen durch die ganze Welt?

Vielleicht nicht sofort und manchmal noch immer zu einem hohen persönlichen Preis. Aber seit Anbruch des neuen Jahrtausends scheint diese Energie so spürbar zu pulsieren wie lange nicht. Der Energiehaushalt der Frauen wächst, und diejenigen, denen seit Urzeiten nachgesagt wird, sie verstünden sich auf alles mögliche nicht und schon gar nicht aufs Netzwerken, wissen längst, wie man diese Energien bündelt.

Das Jahrhundert der Frauen breche an, verkündete ein New-York-Times-Kolumnist zu Beginn dieses Jahrtausends, und als wäre ein dicker Nebel aufgerissen, sehen immer mehr Menschen, wie wir uns in einer ausschließlich von Männern bestimmten Weltordnung selbst vernichten. Im deutschen Außenministerium begreift man, dass sich Kriege verhindern lassen, indem Frauen Bildung erlangen. Es gibt mehr amerikanische Senatorinnen als je zuvor in der Geschichte der USA, und es gibt Alexandria Ocasio-Cortez im Repräsentantenhaus, die mit ihren feministischen grünen Visionen das politische Establishment zum Beben bringt. Navi Pillay, die ehemalige Menschenrechtskommissarin der Vereinten Nationen, forderte, dass Friedensverhandlungen keine Männersache mehr sein dürften. Mein Bundesland hat als Erstes ein Paritätsgesetz verabschiedet. Meine Nichten und mein Neffe kennen nichts als eine deutsche Kanzlerin. Eine Frau an der Spitze des deutschen Verteidigungsministeriums ist für sie so normal wie die Frau an der Spitze des IWF. In Schweden sendet das öffentlich-rechtliche Fernsehen vier Stunden lang eine Lesung von über 200 Schauspielerinnen in jedes Wohnzimmer, die verdeutlicht, wie routiniert und eingeschliffen der Sexismus den Alltag so gut wie jeder Frau durchdringt. Die amerikanische Highschool-Schülerin Emma Gonzalez bietet angstfrei einer mächtigen Waffenlobby die Stirn, und Greta Thunberg wirft sich, mit nichts als einem Pappschild bewaffnet, unserer von ungebrochener Besitzgier befeuerten Selbstvernichtung entgegen. Und das Beste: Die Energie springt über. Kluge, taffe junge Frauen, die keine Lust mehr auf die Welt der »Mad Men« haben, sind die neuen Idole.

Dass ich schreiben darf, unzensiert, ohne männliche Erlaubnis oder männliches Pseudonym, in Hosen, und gedruckt und vor allem auch gelesen werde und dass die Umstände solche sind, die es mir ermöglichen, von diesem Schreiben eigenes Geld zu verdienen und damit einen kleinen, dreiköpfigen Haushalt zu finanzieren, heißt, dass ich sein kann, wer ich bin.

Das ist ja etwas unerhört Einfaches. Warum sollte ich nicht sein, wer ich bin, nicht tun, was ich kann? Weil das unerhört Einfache allzu oft einfach unerhört bleibt. Wäre mein Talent zufällig nicht aufs Schreiben, sondern aufs Skispringen gefallen; Skispringerin wäre ich auch mit größtem Energieaufwand nicht geworden. Schon 1863 gelangte die Norwegerin Ingrid Vestbyen mit aufsehenerregenden Skisprüngen zu Ruhm. Das Olympische Komitee erlaubte Frauen erst 2014 das Skispringen – vor fünf Jahren! 150 Jahre nach Vestbyen. Offenbar waren die Herren in der Geschichte der Skifahrt nicht besonders bewandert.

Dass man das Einfache vor meiner Zeit nicht erhörte, überrascht mich nicht. Das ist die Zeit der Liebestöter und Pickelhauben und anderer alten Hüte! Mit Ausnahme von Djuna Barnes, die aber in meiner Zeit noch lebte. – Eine schöne und traurige Vorstellung: In meinen ersten acht Lebensjahren hätte ich ihr begegnen können. Wie gern hätte ich diese erstaunliche Schriftstellerin kennengelernt, die sich einst im Selbstversuch zwangsernähren ließ, um die Zwangsernährung von Suffragetten schreibend anzuprangern, die in den Hungerstreik getreten waren.

Auch Virginia Woolf ist nicht veraltet. Im Falle ihres Essays »Drei Guineen« ist das allerdings keine gute Nachricht. 1938 erklärte Woolf die finanzielle Unabhängigkeit von Frauen durch Bildung und

Arbeit zur Voraussetzung dafür, einen Krieg zu verhindern. Na bitte, werden Sie sagen, im deutschen Außenministerium hat man mittlerweile die Hausaufgaben gemacht! Die Aktualität ihres Essays holt uns aber rasch ein; meine Aufgabe wäre sehr schnell damit erledigt, den Text einfach vorzulesen. Woolf bringt das Verhältnis von Sexismus und Demokratie auf den aktuellen Nenner: Je mehr Sexismus, umso weniger Demokratie. Auch sie ist schon ermattet vom »Kampf für gleiche Bezahlung für gleiche Arbeit«; ihre Mütter und Großmütter hätten damit bereits »Zeit und Geist vergossen«. Eine Zumutung. Wo sich der Geist besser darauf verwenden ließe, Kriege zu verhindern!

Die Überraschung, dass das Einfache auch in meiner Zeit etwas Unerhörtes ist, erwischte mich kalt nach der Wende. Mit meinem Eintritt in den Literaturbetrieb wurde ich zur Frau. Auf einmal war ich nicht, wer ich bin, durch das, was ich am besten kann, sondern eine Frau, die erfährt, dass es einen gnadenlosen Unterschied macht, ob über einem Text ihr Name oder der eines männlichen Kollegen steht, ein Unterschied, der nicht inhaltlicher oder ästhetischer, sondern rein biologischer Natur ist (auch wenn die Körper im Text gar nicht anwesend sind). Von diesem Unterschied leitet sich nicht nur die Bewertung von Inhalt und Ästhetik ab, sondern auch die Entlohnung (laut einer Studie der Künstlersozialkasse von 2017 verdienen männliche Schriftsteller im Durchschnitt doppelt so viel wie ich – unabhängig davon, ob sie

Schrott oder hot schreiben). Vom »Fräuleinwunder« werden Sie gehört haben; von einem »Buben- oder Knabenwunder« sicherlich nicht. Erst kürzlich wurde eine Büchnerpreisträgerin mehrfach mit dem zweifelhaften Lob bedacht, welch ein Signal es sei, dass sie als Frau und Ausländer (!) den wichtigsten deutschen Literaturpreis bekommen habe.

Aber wir wären heute nicht hier, wüssten wir nicht auch ohne solche Beispiele, dass die Hälfte dieser Welt immer noch eingefordert werden muss, auch 100 Jahre, nachdem sich die ersten Politikerinnen in Potsdam Gehör verschafften. Denn – und dieser Refrain ermattet uns so wie Virginia Woolf – solange im deutschen Bundestag und anderswo weiße, heterosexuelle Cis-Männer überrepräsentiert sind, ändert sich nichts daran, dass sich das Bildungssystem, die Gesetze, die Politik, der Sport, immer noch auch die Kultur und vor allem unser aller Denken an heteromännlichen, weißen Normen und Standards orientieren. Und die sind auf ewiges Wachstum ausgerichtet, auf das Anhäufen von Besitz, so, als wäre der Vorrat an Ressourcen noch immer unerschöpflich.

Als wären wir nicht mit Endlichkeiten konfrontiert, die uns zwingen, Wachstum neu zu denken; als ein Wachsen von Empathie und Rücksichtnahme, der Fähigkeit, uns nicht als Einzelwesen, sondern im Verhältnis zu denken, kurz, als Stärkung der sozialen Eigenschaften des Menschen. Eine solche Verlagerung der Wertschätzung weg von männlich konnotierten Lebensstandards wie der Beschaffung von

Land, Macht und Kapital hin zu bislang als weich und weiblich verpönten haben wir bitter nötig.

»Parität in allen Bereichen erscheint mir einfach logisch«, sagte kürzlich die Kanzlerin. Die Kanzlerin ist Naturwissenschaftlerin. In der Logik der Naturwissenschaften sind die zwei Hälften eines Ganzen gleich groß. Möglicherweise ist aber auch unsere Kanzlerin ein alter Hut. Die Naturwissenschaften, könnte man den Eindruck gewinnen, bilden unsere komplexe Welt gar nicht mehr ab. Wir lassen sie locker hinter uns, indem wir uns lieber damit beschäftigen, warum die zwei Hälften eines Ganzen nicht gleich groß sein *können*. Fake facts! Zuletzt sah man darin sogar einen Verstoß gegen die Verfassung. Und das Paritätsgesetz wurde wieder gekippt.

Aber, werden Sie sagen, das sind nur die üblichen Nebelkanonen. Ein Nebel, der die Machtverhältnisse verschleiert. Dumm nur, dass sich in diesem Nebel die einfachsten Zusammenhänge auflösen, bis uns alles Logische am Ende so unerhört erscheint, dass wir sogar das, was unser Dasein verschönern und verbessern könnte, entrüstet ablehnen. Nein, nein, bloß keine Quote, das schadet uns Frauen! Gleiche Bezahlung? – Das ist der Untergang der deutschen Wirtschaft! Und selbstverständlich müssen wir in jene Länder, in denen wir die Bildung von Frauen fördern, um Kriege zu verhindern, Waffen liefern, um die Bildung zu finanzieren! Und was gab es für einen Aufschrei, als nach Jahrhunderten erzieherischer Maßnahmen, die Frauen beibringen sollen, wie sie sich zu verhalten haben, um sexuellen Übergriffen zu entgehen, eine amerikanische Journalistin die schlichte Aufforderung an Männer richtete: »Vergewaltigt einfach nicht!«? Das ist für viele zu logisch. So naheliegend *können* die Dinge in dieser Welt nicht sein. Sonst ließe sich doch vieles leicht ändern!

Aber während ich über all das nachdachte, spürte ich dieses Schwanken. So ein Schaukeln. Immerzu. Geräusche von Wellen, Wasser, hoher See. Natürlich! Wasser schwappt in einen Text, in dem es um Frauen geht, immer hinein, in dem es um die Frau und ihre Politik geht und was die Politik, die sie macht, mit uns macht. Auch der Mond darf nicht fehlen, der manchmal nachts über dem Dachfirst steht. Denk an den Mond. Aber auch der – schau ihn dir an! – scheint ja zu schwanken.

Sitzt sie im Schiff, ihr Schreibtisch ein Segelboot? Immerhin hat sie Bücher dabei (sie = Singular, feminin), um mit Hilfe der Worte anderer Licht in die Sache zu bringen. Auch in die Sache mit den Privilegien, die sie dank der Politikerinnen genießt.

»Weißt du überhaupt, was du willst?«, schreibt eine Freundin aus Schweden, wo man uns in dieser Hinsicht uneinholbar voraus ist. »Soll es eine Danksagung werden, eine Kampfansage, ein Manifest? Manchmal bewegt sich etwas, wenn man sich einfache Fragen stellt.«

»Was will sie?« Die einfachste aller Fragen.

»Großpapa Lacan nimmt die Formel ›Was will sie?‹ wieder auf, wenn er sagt: ›Über ihren Genuß vermag die Frau nichts zu sagen.‹ Das ist ja sehr interessant!«, findet Hélène Cixous in der orange gehaltenen Ausgabe des Merve-Verlags unter dem Titel »Die unendliche Zirkulation des Begehrens«.

Sehr interessant, findet sie, Antje Rávik Strubel, auch, zumal Cixous lebt, in meiner Zeit. »Was will die Frau«, fragte ja zunächst Freud, vor meiner Zeit, für den sich Maskulinität wie von selbst erklärte, Femininität dagegen nur ein mysteriöses »Gebiet« war, auf dem auch Jaques Lacan ziemlich blind herumtappte. Immerhin erkannte er Freuds schamlose Überhöhung des männlichen Geschlechtsorgans zum Symbol, zum Phallus, jener gottgleichen Größe, von der jede sprachliche Sinngebung ausgeht. Am Phallus ankert die Kette sprachlicher Zeichen. So wie der Phallus laut Lacan dafür sorgt, dass Dinge Bedeutung haben, steht die männliche Abstammungsfolge, die Patrilinearität, dafür ein, dass die Kultur, auch die politische, eine Ordnung hat. Oberster Hüter dieser Ordnung, O-Ton Lacan: »der symbolische Vater«.

Was für eine Schw...nzerei! Cixous schießt durch den Kopf: »Kein Sagen über den Genuß = kein Genuß, kein Wollen: Macht, Wollen, Sagen, Genießen, all das gibt es nicht für die Frau. Und um sehr schnell daran zu erinnern, wie sich das im Theoretischen organisiert, folgende Frage: Nun, ihr wißt, daß es bei Freud/Lacan heißt, die Frau sei ›ausgeschlossen aus dem Symbolischen‹, ausgeschlossen aus dem Symbolischen, das heißt aus der Sprache, dort, wo sie Gesetz ist, ausgeschlossen aus dem möglichen Bezug zur Kultur und zur Ordnung der Kultur.«

Damit bewegt sich in der Sache ja tatsächlich was. Dann lautet die allereinfachste Frage: Wird nicht jeder, der gezwungen ist, so eine Frau zu sein, jeder, der so eine Frau sein oder werden soll (und eine andere gibt es nicht), wie von selbst zur Gegnerin eines solchen Gesetzes, einer solchen Kultur? Ist es nicht unter meiner Würde, so eine Frau zu sein? Würde = die Eigenschaft, eine einzigartige Seinsbestimmung zu besitzen. Tja. Das Ausgeschlossensein als einzigartige Bestimmung? Löst das nicht vor allem Scham aus? Da verleugnet sie sich lieber, wird eher zur Komplizin des Mannes in seiner routinierten, oft kaum registrierten Verachtung der Frau, als sich verachten zu lassen. Alles mit dieser Frau in Verbindung Stehende wird abgelehnt, zunächst andere Frauen, denn die Scham, sich und was sie kann, als minderwertig anzusehen, verhindert, das Minderwertige in denen zu sehen, die sie für minderwertig halten. Ich kenne keinen Mann, der es unter seiner Würde findet, Mann zu sein.

Aber sollte sie sich nicht aufs Schreiben konzentrieren, statt über ihre Position nachzudenken, eine durch eigenes Segeln und Navigieren erreichte Position. – Siehst du, darauf legst du Wert! Aber dieses Schwanken. So ein leichtes Schaukeln, immerzu. Und schau nur, der Mond, wie er mitschaukelt.

Dann sprich doch hart am Wind! Trau deiner Stimme! Ruft Strubel trotzig in die Segel. – Niemand da, der zurückruft. Denn selbst die Stimme, obwohl sie dem Körper nur halb angehört, wird leiser vor dem Hintergrund von Wasser und Mond, diesem Geschlechtshintergrund, der genau wie ein Migrationshintergrund als Schalldämpfer wirkt, den Ton der Selbstbehauptung leiser stellt, zugunsten der Sirenenstimme, dieser einen, die dem biologisch männlichen Schoß seit Jahrhunderten in reinstem Weiß entsteigt (nicht das Weiß der Sufragetten!).

Müsste sie nicht, damit ihr Sprechen, wozu sie sich hier selbst ermächtigt hat, überhaupt nach draußen dringt, über das riesige Meer, hinein in den öffentlichen Raum, zunächst eine solche kulturelle Ordnung mit ihren Privilegien und Repräsentationen entlang der Leitplanken in den Leitmedien, den Leitbildern, der sogenannten Leitkultur, zum Implodieren bringen? Müsste sie nicht zur Bilderstürmerin werden und die Bilder abhängen, die jeder Anstrengung, ob künstlerisch oder politisch, automatisch einen höheren Wert zuweisen, sobald sich dahinter eine biologisch beglaubigte Männlichkeit ausmachen lässt? Forderte das nicht bereits Virginia Woolf?

Einen Beruf zu ergreifen in einer »von den Söhnen gebildeter Männer« gestalteten Welt bedeutet für sie, »sich an erster Stelle von allem Nationalstolz befreien zu müssen; auch von religiösem Stolz, vom Stolz aufs College und auf die Schule, vom familiären Stolz, vom Geschlechterstolz.« Erst die »Freiheit« von solchen »unechten Loyalitäten« befreie von diesem System »aus Besitz und Brauch«, das Frauen zu »Außenseiterinnen« mache, Außenseiterinnen, die nicht weglaufen können, schrieb sie in »Drei Guineen«. In diesem System aus Besitz und Brauch wird die männliche Herrschaft immer von neuem durch den Rechtsanspruch des Mannes auf das Eigentum Frau bestätigt, ob mit Hilfe von Nebelkanonen, wirtschaftlicher Überlegenheit, der horrenden Gleichsetzung der *metoo*-Bewegung mit dem Stalinismus, mit Filmen und Büchern, die zeigen, wie Frauen einander kaputtmachen, oder eben mit Gewalt.

Erster revolutionärer Akt: Sturz – nein, Subversion! Unterwanderung! – einer Ordnung, die auf Prinzipien des Ein- und Ausschließens basiert. Eine Gesellschaftsordnung, die schon von der Bauweise her über Abgrenzung funktioniert, kann nie offen sein für »die tiefe Zweideutigkeit und Vieldeutigkeit jeder Erscheinung«, wusste schon Michael Bachtin.

Die Gesellschaft aber ist uns selbst sehr ähnlich, »sie lebt in Zimmern«, sie geht auf die Toilette und zwar auf eine nach zwei Geschlechtern getrennte Toilette (die Sonderlinge dürfen seit kurzem auf die Sondertoilette), lauter Einzelne auf ihren Örtchen, die nur eines sein dürfen und nicht das andere; ausgeschlossen! Das Prinzip des Ein- und Ausschließens ist fest in unserem Selbstverständnis verankert. »Das Herz der Finsternis liegt nicht in einem Fehler der gesellschaftlichen Ordnung«, befindet Joan Didion, »sondern den Menschen im Blut.« Das Entweder-Oder sitzt tief in uns drin. Frau zu sein schließt das Mann-Sein ebenso aus, wie das Alt-Sein das Jung-Sein oder das Schwarz-Sein das Weiß-Sein ausschließen. Ich kann nicht beides zugleich sein. Auch nichts dazwischen. In dem, wie wir uns denken, gibt es kein Sowohl-als-auch.

Denn wer am Dasein – an der eigenen Existenz – teilhaben will, muss jemand sein und nicht jemand anderes. So will es die phallozentrische Ordnung, eine Ordnung, die auf Identität beruht. Wer an der eigenen Existenz teilhaben will, muss mit sich selbst eines sein. Ich bin kein anderer. Diese Einheit wird durchs Geschlechtliche hergestellt und beglaubigt. (Was tut sich im Schoß?, simst Strubel nach Schweden.) Der Schein des Natürlichen. Die Fiktion, nur entweder die natürliche Frau (und keine andere) oder der natürliche Mann (und kein anderer) sein zu können. Oh, die Verwirrung, wenn sich nicht sagen lässt, welchen Geschlechts jemand angehört, ach, dieser schreckliche himmlische Schauer!

Rávik Strubel (ohne Bindestrich) reibt sich die Stirn (die Stirn = Femininum, haben auch biologische Männer weibliche Stirnen?). Sie reibt sich die Stirn (die – durch das Neutrum des Reibens neutralisiert – nun einen männlichen Gedanken denken kann?, der Gedanke = maskulin), während sie immer noch am Schreibtisch sitzt, im Schiff.

Sie ist, so viel ist sicher, auf See.

Aber ist sie ich? Sind sie und ich am selben Ort? Hätten wir dann nicht anstelle einer monologisierenden eine dialogische Existenz? Wer aber steht hier am Pult und betrachtet uns von außen? Denkbar wäre, dass ich, wie mir, seit ich schreibe, bewusst ist, viele bin, vielstimmig. In den Stimmen, im Sprechen äußert sich Persönlichkeit, und zwar eine jede mit ihrer je eigenen Gestik und Ästhetik. Bestünde nicht darin der eigentliche Reichtum?

Hier beginnen die wirklich interessanten Fragen. Nicht länger: Was will sie, sondern was *wollen* sie? Mehrere Stimmen aus einem Mund, mehrere Identitäten auf einem Körper. Da wird es, weil sich polyphones Wollen gleichzeitig auf Verschiedenes richtet, mit dem Entweder-Oder schon schwieriger. Verwirren! Unterlaufen! Übertreten!

Rávik am Ruder. Ringsum die See.

Mittlerweile ist sie weit draußen, so weit, dass das Ufer in der Ferne versinkt, verschwindet vor den hohen Wellen, die ihr, Rávik, vor den Bug klatschen (ach! Ist sie selbst das Schiff? Rávik ein Schiffsname? Also nur *in english* noch: she? – *ship* = feminin). Das Ufer verschluckt von der ersten, der zweiten und einer dritten Welle, ihrer vielfarbig funkelnden Gischt, die das Bedürfnis weckt, übers Wasser zu gehen.

Plötzliches Abbranden der Wellen. Nachlassen des Tosens. Und der Mond – schau nur! – hängt plötzlich still.

Rávik oder Strubel oder Rávik Strubel wirft den Anker aus. Alle drei gehen von Bord. (Und?, kommt eine E-Mail aus Schweden zurück, teilten sich da die Fluten?)

Alle drei gehen von Bord in Richtung rätselhafter Himmel, an denen – schaut nur! – Ersehntes in Erscheinung tritt: Wir, die aufgehört haben, Frau zu sein, und frei sind, so vielfältig zu werden wie das, was wir können. Und nur manchmal, spielerisch oder in der erschreckenden Präzision des Begehrens als Frau, Mann oder wie im Vexierbild als beides zu erscheinen, Männlichkeiten und Weiblichkeiten auf den unterschiedlichsten Körpern, abhängig allein vom Genuss ... Nicht länger in Kategorien des richtig oder falsch, homo oder hetero, männlich oder weiblich, natürlich oder unnatürlich, normal oder unnormal zu existieren. Nicht Identität, sondern Intensität würde diese Existenz bestimmen.

Körper im Übergang, multiversale Menschenbilder: Darüber hat die Politik noch nicht einmal ansatzweise nachzudenken begonnen. (Toiletten für Intersexuelle; was für ein dürftiger Anfang!) Auch die deutsche Gegenwartsliteratur tut sich damit schwer. Allein, man staunt, in den Naturwissenschaften und im Leben ist eine Welt, die nur aus Frauen und Männern besteht, ein ziemlich alter Hut.

Leinen los!, rufen die drei, auf, auf zu unterwandern, zu unterlaufen, zu verwirren und dieses Entweder-Oder mit seinen Ausschlussmechanismen auszuschließen aus unserer Gesetzgebung, unserem Denken und Handeln und sie durchlässig werden zu lassen für Körper und Persönlichkeiten, die nicht stabil, sondern in Bewegung sind, in ständiger Veränderung befindlich, divers und wandelbar und so luzide wie die durch Gedächtnis und Wahrnehmung hervorgebrachte Wirklichkeit. Nur so können die starren

Machtpositionen aufgebrochen werden, gegen die anzurennen wir schon vor meiner Zeit ermattet waren, bis die Macht sich immer nur vorübergehend und immer anders kristallisieren muss in einer Kultur, in der nicht länger eine durch arbiträre körperliche Merkmale konstruierte Gruppe als die echte gilt und die andere als Abklatsch, der sich abrackert, ohne das Echtheitszertifikat je zu erlangen.

Sie halten das für übertrieben? Erst die Übertreibung lässt das Ersehnte am Ende Wirklichkeit werden. Wir könnten damit beginnen, uns der Festlegung auf Alter und Geschlecht konsequent zu verweigern. Werden wir gefragt, im Bürgerbüro, von einer Fluglinie, bei einer Bestellung im Internet, könnten wir unsere Schwimmstufe bekanntgeben oder die Koordinaten des Segelboots. Oder wie mein Vater antworten: »Nee, aber ich kann Ihnen sagen, wie spät's ist!«

Denn vor der Selbstvernichtung werden wir uns, da es schon so spät ist, schwerlich retten in einer Welt, in der die eine Hälfte die andere ausschließt, mögen beide Hälften auch gleich groß sein. Zu retten sind wir, fürchte ich, nur, wenn nicht die einen die eine und die anderen die andere Hälfte verantworten, sondern alle die ganze Welt.

(18.03.2019 im Museum Barberini, Potsdam)

II Steppenbrand (Lehrjahre)

Mädchen Inbetriebnahme

I.

Manchmal denkt man sich etwas aus, und dann ist es da, aber das Mädchen war schon vor mir da, und so muss ich mir dazu nichts denken. Auch gibt es auf der Welt wichtigere Dinge zu bedenken, als was ein Mädchen ist.

Ich schlage zum Beispiel die Zeitung auf.

Auch da hat man den Mädchen etwas zugedacht, einen Wert, in Politik und Wirtschaft etwa lässt sich mit ihnen handeln. Im Sport kommen sie weniger vor, da gibt es nur Damen, und im Regionalteil ist von Mädchen nur dann die Rede, wenn sie bereits verschwunden sind (und erst tot wieder auftauchen). Aber ich bin auf dem besten Weg: immer in Richtung Feuilleton. In der Popmusik heißen sie Girls, in den Videoclips tragen sie lustige Tätowierungen, und wenn sie sich vor laufenden Kameras prostituieren, haben sie sich, so heißt es, selbstbewusst dafür entschieden, weil das heutzutage selbstbewusst entschieden werden kann. Ich halte mich an deutschsprachigen Pop. Da ist die Sache vielfältiger, da bin ich frech und schüchtern, jung und böse, fleißig und schwach, da bin ich ich, weil ich ein Mädchen bin. Ich bin unschuldig und gerissen, ein zartes Pflänzchen und eine Verführung, das ist ein großer Reichtum, wenn man alles das sein kann, was ich bin, weil ich ein Mädchen bin.

Im Feuilleton ist viel von Erzählungen die Rede, in denen ich mich sicher wiederfände, würde ich mich darin suchen. Sie werden sehr gelobt, weil sie eine Vorstellung von der Zartheit des Mädchens geben und den leisen Tönen, die es macht. Die Erzählungen sind so zart, sie tun keinem was und verflüchtigen sich vor den Augen des Lesers wie von selbst in ein duftig parfümiertes Sommerlüftchengespinst. Das ist schön und auch angenehm, wenn eine Sache nicht aufdringlich ist. Warum sollte man sich also etwas zu etwas denken, das am Ende vielleicht den Gedanken gar nicht wert ist.

Manchmal komme ich allerdings an Leuten vorbei, die mich verunsichern. Dabei wollen sie mich gern an ihrem Tischgespräch teilhaben lassen. Aber ich zögere wegen ein paar leichtsinniger Sätze, die sie gerade geäußert haben und die mich fürchten lassen, meine Tage seien gezählt.

»Wenn die 'n Kind kriegt, schreibt die kein Wort mehr.« – »Die hat doch nur Erfolg wegen dem Foto hinten im Buch. Rote Haare und kniehohe Stiefel. Aber wart's ab, mit vierzig ist Sense.« – »Wenn du siehst, wie die ihr Gewicht auf die Bühne hievt, dann weißt du, was die schreibt.«

Man darf dann keine Angst haben. Man muss auf

die Leute zugehen, aufgeschlossen und nett, weil man was erfahren will, das macht einen Menschen, der erwachsen werden möchte, doch aus. Man merkt ja auch, wie zuvorkommend sie einen dann begrüßen, wie sie einen wertschätzen, indem sie sofort ein Gespräch über, sagen wir, ein Motiv bei Thomas Mann beginnen und gern eine stumme Zuhörerin daran teilhaben lassen. Dafür bin ich ihnen dankbar, denn es ist immer schön, wenn man an etwas teilhaben darf. Außerdem wäre es furchtbar egoistisch, immer alles auf sich zu beziehen. Meine Haare sind schließlich nicht rot.

Es gibt keinen Grund, mich zu sorgen um mich, wo es auf der Welt viel größere Dinge zu bedenken gibt. Außerdem kann es Schwierigkeiten bereiten, wenn so jemand wie ich schreibt und dabei noch eine Weltvorstellung hat. Da ist ein Haken an der Sache, also ein Widerspruch, und Widersprüche machen das Lesen zu einer lausigen Lust, weshalb so eine Weltvorstellung in einer Sommerlüftchenerzählung einfach nichts zu suchen hat. Man ist als Leser doch froh, wenn man sich an etwas festhalten kann, und was gibt es Schöneres anzufassen als ein zartes, hautenges Kleidchen.

Außerdem wäre es eine gemeine Eitelkeit, von jedem Kleinjournalisten zu verlangen, dass er schon in einem ersten oder zweiten Roman nach dem sucht, was ein Roman über die Welt zu sagen hat. Man muss erst mal was über sich sagen können, bevor man der Allgemeinheit etwas über sie sagt, und so können erste Romane noch gar keine Weltkonzepte enthalten. Außerdem haben die meisten kleineren Journalisten genug damit zu tun aufzupassen, was die großen machen, und die großen, die sich über die Jahre mühsam eine Weltvorstellung erarbeitet haben, müssen aufpassen, dass sie ihnen nicht wieder entwischt. So eine Weltvorstellung ist ja kein Tisch, den man sich in die Wohnung stellen kann und der dann auf vier Beinen auch sicher steht. Deshalb kehrt man am liebsten immer dahin zurück, wo man ihr schon einmal begegnet ist. In den Romanen der Großen. Auch ich treffe gern alte Bekannte.

Mir jedenfalls geht es gut. Ich habe Zeit, ich habe Geld und so viele Zimmer zum Schreiben wie noch nie. Es kann allerdings passieren, dass ich zum Interview neben einem avancierten Redakteur auf der Couch sitzen darf. Obwohl ich, wenn ich ehrlich bin, lieber auf Sesseln sitze, wo man sich lässig auf den Armlehnen ablegen kann. Da hat man eine Haltung, da sitzt man nicht so freirutschend wie auf einer Couch. Man ist nach allen Seiten gesichert, das Rückgrat hat eine Position, von der aus man sich zu Standpunkten aufschwingen kann, wie man sie auf einer Couch nicht hat, wo man sich ständig um einen geraden Rücken und eine Beinhaltung bemühen muss. In der Mitte hängt so eine Couch auch meistens durch, und der Redakteur und ich rutschen unweigerlich aufeinander zu in ein einträchtiges Beisammensein. Ich finde, das ist Verrat an der Sache, wo es schließlich um ein Thema und nicht um ein Fotoshooting geht, und ich weiß, jemand von der Presse hat dann immer sehr gern ein Foto von unserer Eintracht gemacht.

Aber auf den Sesseln sitzen immer schon die Herren. Vielleicht würde einer ja gern mal mit mir tauschen, vielleicht fragt er sich, wie es sich so sitzt auf einer Couch, nur komme ich bei all der Aufregung, die dann um einen gemacht wird, nie dazu, mal nachzufragen. Vielleicht hätte einer die kühle Hand des Redakteurs ja auch viel lieber als ich auf dem Oberschenkel und würde sie nötiger brauchen. Mir macht die Hitze der Scheinwerfer ja nicht so viel aus, mir ist von Natur aus blässlich und kühl. Aber ich kann ihnen die Hand gar nicht anbieten, denn der Redakteur findet mich eine schöne Zier an seiner Seite, und man ist nicht so gern unhöflich, wenn einer nett zu einem ist.

Man weiß ja auch, wie unernst so eine Hand heute gemeint ist und dass keiner ein Kompliment ohne Ironie mehr macht. Deshalb darf man so ein Kompliment auch nur ironisch sehen. Ich möchte den Redakteur jedenfalls ganz und gar nicht vor den Kopf stoßen, der sich seit 1968 solche Mühe mit der Ironie gegeben hat, also nehme ich das Kompliment immer an. Würde ich es ernst nehmen, müsste ich es unbedingt zurückweisen, weil es eine Fehleinschätzung ist. Aber es ernst zu nehmen wäre auch sonst nicht intelligent, man stünde ja da, als hätte man die Ironie nicht verstanden. Also tue ich so, als ob. Wie man es heute tun muss. Ich zwinkere heftig, ich habe große Lust auf so einen Augenaufschlag aus der Stummfilmzeit, und dann gelingt er mir auch. Keinesfalls darf ich die Ironie ironisch kommentieren, denn das würde doch wieder auf einen Ernst hinauslaufen und alles futsch. Denn der Redakteur sagt sich, wenn man sich so viel ironische Mühe mit einer gibt, wo man vielleicht gar kein ironischer Mensch ist, und sie erkennt seine Mühe dann nicht an, hat man auch das Recht, gekränkt zu sein und die Ironie beim nächsten Mal womöglich wegzulassen. Dann würde er mir ernsthaft die Hand auf den Oberschenkel legen, und wer weiß denn, was ich dann mache.

Also sitzen wir anderthalb Stunden ironisch auf der Couch herum. Weil das aber nicht länger als eine halbe Stunde zu machen ist – schon das strengt sehr an –, sitzen wir schließlich nur noch so da. Das Ganze wirkt sowieso viel besser ohne Ironie und harmonisch, während das Ohr angestrengt den Herren lauscht, die sich auf ihren Sesseln schwitzend durch Geschichtswelten und Weltvorstellungen ackern. Und da sehe ich es dann auch jedes Mal ein bisschen ein: Dafür brauchen sie den Abstand. Das mit den Sesseln ist eine gute Idee. Ich käme ja gar nicht erst in die Gefahr, über Geschichtswelten zu schwitzen, ich habe alle Hände voll zu tun, damit das mit der Ironie auch klappt, ich muss so lange wie möglich durchhalten, damit nicht alles auffliegt und futsch.

Eines muss ich aber doch mal sagen: Wenn man hier die eine oder andere Anstrengung riecht, meine ist es nicht! So viel ist sicher. Zarte Mädchenhaut riecht nicht.

2.

nie genug, um das Geheimnis zu deuten, das um dich gemacht wird, durch Inbesitznahme zu lüften, der Einfachheit halber

lachen lernen wie du, mich in dich hineinkatapultieren, in kleiner Zehnpunktschrift die Hände zu Fäusten geballt, Zuckerschnute und Grübchen, eine Affäre mit Regisseur, das wird doch zu machen sein, jung werden wie du, zehn, elf Jahre, ein Leben jünger, *ein Glanz*, und den kalten Blick fest auf die heißen Gefühle, schließlich fehlt dir was, wenn du nicht über Gefühle nachdenken darfst

kann die Dame Liebe? Orgasmen? dann hat sie Chancen als Schriftstellerin, also

hinsetzen und üben und bloß nicht in die Umlaufbahn Zeitgeist geraten, in der sich die Welterklärungsmythologen schon eingerichtet haben, Sessel in Schräglage und ab die Post, immer den *Elementarteilchen* nach, also hübsch aufpassen, um das weiße geblümte Sommerkleid nicht zu beschmutzen, in dem die Heterogefühle stecken, das jahrhundertealte Sehnen, die Zweierkiste, die immer mal wieder in den Abwasch gehört, schön, wenn das heute noch jemand hat

so eine Minne

ohne die was fehlt, nichts mehr schön weh tut, weil es nicht ziept, sagen wir am Golf, im Irak, ja auch eher eine Belastung, *der ganze herrliche Krieg*, zu wenig geheuer, also sprechen wie du

auf der täglichen Straße im Neckholder-Top und bauchnabelfrei, die Wortwahl auf hohem Absatz, das Lachen süß und offen für alles, was sich bietet, wenn man so geht

nur einmal sagtest du, aus dem Bad kommend, ich bin vergiftet! mal wieder abgespült in der Feuilletontoilette, ich bin vergiftet, ich habe gerade in der Berliner Zeitung vom 28. April 2003 gelesen und Refrain:

»Da ohne Frauen was fehlen würde, lässt man Silvia Bovenschen noch einmal ›Die imaginierte Weiblichkeit‹ analysieren, und damit ja kein Spaß aufkommt, seziert Judith Butler ›Das Unbehagen der Geschlechter‹ in gespreizten Sätzen« –

nein, meine Herren, Spaß machen wir nicht, sagst du im Bad, wo du für einen Moment nicht aufgepasst hast, Spaß ist nicht, bloß ein Ernst, der vom Tod herkommt, seien Sie versichert, das ist die Drohung, aber

so schnell passiert dir das nicht noch mal, die Regeln sind einfach, und im Gegensatz zu mir weißt du, wie man sie handhabt, im Gegensatz zu mir hast du noch nie lange gefackelt, eine frische Rasur und ab durch die Mitte, das hatten wir schon

wo das Ich gern gesehen wird, einer Lady wohlweislich, man wird sich noch wundern, wie es rollt, das blanke Geschlecht, inmitten *gleißenden Glücks* an der Bar, wo auch kritische Damen schon neben dir Platz nehmen

während ich verzweifelt versuche, zu sprechen

wie du

die Dame will Kir Royal, die Dame bekommt Kir Royal, das Königliche an der Unterwerfung, sagst du, kann man lernen, ich werde höchstens blass, auch die kritischen Damen sind jetzt wieder verdrossen, so weit will man dann doch nicht gehen, nur die Nägel geschliffen, bemalt

für den Tango-vals mit Herrn, der sich immerzu vor mich oder zwischen mich und dich schiebt und einführt ins Leben, ins Cabriolet

willst du *mein Herz*, fragst du jeden, denn du willst ja in den Texten auch so wie im Alltag sein

jenseits vom Menschenpark

nur mir fällt es schwer, in deinem Körper, deinem Kopf zu leben, diesem Unschuldshain voller Wiesenschaumkraut, gemäht, wo du *im Schatten junger Stilblüten* von Kindheit und Liebe erzählst

niemand zwingt dich

aber irgendwann willst auch du wiederauffindbar sein, sagst du, eine Landschaft mit Identifikationspotenzial, die aufzieht wie ein Vorhang, nicht mehr nur Gelegenheitslektüre, Gelegenheitsliebhaberei, ein Lächeln hier, ein Butterblümchen da, im Rundfunk einfach

die Stimme

drei Oktaven nach oben, egal, was so ein hochgewachsener, so ein aus der Kultur geschossener Journalist kraft seiner Körperlänge reglementiert, es solle, sagt er, doch endlich mal Preise für Männer geben, er finde das ungerecht, du aber ausharrst in Weiß und gen Barhimmel pustest, zuckersüß und die Lippen spitz, denn der Refrain

da ohne Frauen was fehlen würde

gilt auch hier, gilt eigentlich immer, man gähnt schon in den hinteren Reihen, wo das mit jeder Reproduktion immer noch billiger zu haben ist, der ewige Gewichtsverlust, deine Spuckgeräusche im Bad, jede Woche gehst du zwei Kilo runter, und ich bin sicher, dass du längst ein unterirdisches Leben führst im weißen Gewand der Geister, Chanchan-Seide, *das scheint ganz selbstverständlich,* und nur

wenn du mir zu nah kommst

zerstäubt der Spuk

du nagelst das Kleid an die Wand, aber auch mich hat man schon informiert: Man darf heutzutage alles sein, aber niemals weniger als etwas

richtig

runter vom Barhocker also und rein ins Gewühl, wo sie knietief in leiblicher Erotik stehen

dos ojos tristes, so die Überschrift

aber das wächst sich raus, rufen sie, alles Zögern wächst sich irgendwann raus, da vertrauen sie ganz den Geschichtsbüchern, und wieder gehen die Damen ins Kreuz

ich

hätte jetzt gern deinen Mund, den Schwung deiner Lippen, mit denen du so ganz und gar jung, so hintenherum verlogen bist, dass man dir glaubt

da ohne Frauen was fehlt

gern sogar, dir abnimmt, alles

auch das Schreiben zuletzt, und ich frage mich, wann du dich zum ersten Mal rittlings mir auf den Schloß gesetzt und mich ausgezogen, entblättert

herausgeschält hast aus Pionierbluse, FDJ-Hemd, ZV-Uniform, wo ich immer noch eine Haltung hatte, Pfeil und Bogen und den kalten Feind im Blick, und wie du behaupten kannst, das sei jetzt meine Bestimmung, so formal geschädigt hier herumzusitzen, denn der Körper, der sei immer schon vorher da, den könne man schließlich anfassen, müsse man

ja

denn Refrain

und Refrain, und und und

Müdchen

nicht Mut, nicht Mädchen

nur einmal wirst du mir über die Schläfe gestrichen haben inmitten schreiender Vögel und nah am Himmel entlang, wo die Nachtschiffe liegen, auslaufbereit, aber das muss wohl *ganz und gar rätselhaft* geblieben sein, nicht zu vergleichen mit dem klaren menschlichen Rest, der da neben uns sitzt und Erdnüsse kaut und

nur der Schlaf, sagst du, es ist spät, und hältst mir die Bettdecke auf, nur der Schlaf liege hinter der Karte, hinter der Körperkartographie, und komme ohne Überschrift aus

(2003)

Scham

> »Es gibt in unserem Land und auf dieser Welt ein Übermaß an Vergewaltigungen und Brutalität, die sich gegen Frauen richten, und doch wird das fast nie als zivilrechtliches Problem oder als Menschenrechtsproblem betrachtet, nie als Krise oder auch nur als ein Muster. Gewalt hat keine Rasse, keine Klasse, keine Religion oder Nationalität, aber sie hat ein Geschlecht.«
>
> Rebecca Solnit

Die Sonne scheint, als der Flieger abhebt, das Abschiedsgeschenk Helsinkis. Land und Meer sind in ein rosablaues Licht getaucht, ein grandioser, seltener Anblick. Von Mitte Oktober bis Ende Dezember war es grau. Jetzt, Ende Februar, werden die Tage wieder länger, die Seen und Wälder, über denen der Flieger aufsteigt, sind schneebedeckt. Die Ostsee ruht unterm Eis.

»Und nicht mehr zu sprechen, das dauert ein Leben zu sagen.« Diese Zeile geht mir durch den Kopf. Sie stammt von Gunnar Björling, einem finnischschwedischen Dichter des Modernismus, eine der aufregenden Entdeckungen, die ich in meiner Zeit in Helsinki gemacht habe. Ein Dichter, der an der Gesellschaft seiner Zeit krankte, der an fehlendem Verständnis für die ihn umgebende Wirklichkeit litt, was sich in seinen Gedichten niederschlug. Die Öffentlichkeit des frühen 20. Jahrhunderts hielt ihn für weitgehend unverständlich.

Melancholie erfasst mich. Ich will nicht nach Hause, ich möchte zurück.

In Helsinki bin ich ein halbes Jahr lang zu Hause gewesen. Mit »zu Hause« meine ich nicht den Ort, an dem ich eine feste Adresse habe, in einem Sportstudio angemeldet bin und Steuern zahle. Ich meine den Ort, der in meinem Inneren einen Widerhall findet. Der Ort, an dem ich mit mir selbst im Einklang bin. Dass dieser Ort nicht in Deutschland liegt, fällt mir nur noch selten auf. Zu oft habe ich in den letzten zehn, zwölf Jahren Deutschland den Rücken gekehrt.

Jetzt, die Ostsee unter mir, stimmt mich das traurig. Könnte es nicht anders sein, die Sehnsucht, nach Hause zu kommen, die gleiche wie damals, als ich mich über die Mauer hinweg danach sehnte, dieses größere, ungeteilte Zuhause kennenzulernen? Und der Enthusiasmus später, die Erwartungsfreude, die Neugier, mit denen ich nach dem Abitur, als mir wunderbarerweise auf einmal alles offenstand, kreuz und quer durch Nord- und West- und Süddeutschland fuhr und mit einem Freund berauscht die Weinstraße erkundete? Was ist daraus geworden? Liegt es nur daran, dass das Fremde irgendwann vertraut, das Rätselhafte durchschaut, das Unverständliche verstanden war? Die normale Ernüchterung, das Abschleifen emotionaler Frequenzen, Werk der Zeit?

Doch irgendwie verstärkte sich in jenen Jahren das Gefühl, ständig zurück anstatt nach vorn zu gehen, in eine Vergangenheit, die nicht meine war und voller Ansichten, die ich mit verstaubten Verhältnissen und längst überholt geglaubten Ritualen in Verbindung brachte. Warum sprachen überall nur Männer? Warum glaubten sie, auch über mich und an meiner Stelle sprechen zu können? Ich war in einem Land gelandet, in dem der Osten, die Frauen, ich nicht mit beiden Beinen mitten in der Gesellschaft standen, sondern als Sonder- oder Randerscheinung galten, und wenn sie in den Fokus gerieten, dann hauptsächlich als Gruppe; Auftritt der Nischenbewohner.

»Hören Sie doch endlich mit diesem DDR-Kokolores auf«, heißt es bis heute. Oder auch: »Ist das hier ’ne Emanzenrunde?«

Wer sich punktuell der männlichen Sprecherrolle zu bedienen wagt, löst immer noch Alarm aus; als Angreiferin der Familie, der Sicherheit, der Werte, der Sprache, der Meinungsfreiheit, der Männlichkeit, *you name it*.

In jenen Jahren, in denen die Vorsilbe *post-* vor allen gedanklichen Umstrukturierungsbemühungen den Anschein von Gelingen gab und eine ähnlich durchschlagende Wirkung auf die gesellschaftlichen Strukturen hatte wie die Glasfronten in ostdeutschen

Innenstädten, auf die sozialistischen Plattenbauten – kein Plattenbau ist dadurch hübscher, das Glas stellt ihre Hässlichkeit nur umso deutlicher aus –, muss ich mich verkapselt haben, verpuppt; Warten auf bessere Zeiten.

Doch vorher, voher bin ich diesem Dasein entflohen, das zu emotionalen und intellektuellen Verrenkungen führt, manchmal bis in die Körperhaltung hinein. Die Wahl meiner Kleidung ist schon lange betont androgyn, eine Geschmacksfrage natürlich in Sachen Mode, aber eben nicht nur. Sie ist auch dem Druck geschuldet, sich der Verdinglichung entziehen zu müssen. Eine Verdinglichung, an die die barbusigen oder sonstwie entblößten Frauenkörper, mit denen dieses vereinigte Land zuplakatiert ist, auf Schritt und Tritt erinnern, manchmal mit Preisschild versehen. Schwerlich lässt sich so vergessen, dass zwischen einer dem Konsumenten dargebotenen nackten Frau und einer versklavten nur ein gradueller Unterschied besteht. (Das sozialistische Land war mit Frauen in Blaumännern und roten Halstüchern zuplakatiert, die mit Fahnen, Sicheln und Schaufeln versehen waren und daran erinnerten, dass jede Ideologie für ihre Propaganda bevorzugt den weiblichen Körper rekrutiert.)

Ich müsste nicht ins Ausland gehen. Ich könnte auch in eine Subkultur fliehen, wozu gibt es Großstädte? Es dürfte leicht sein, sich in einer der vielen Nischen einzurichten und das Gefühl zu haben, bereits in einer zukünftigen Gesellschaft zu leben. Ich könnte Augen und Ohren verstopfen und im Privaten verweilen, wo Vorstellungen von Männlichkeit und Weiblichkeit nur mehr Zitate sind, szenisch verwendet im Spiel des Begehrens. *Und nicht mehr zu sprechen.*

»Deine Hand ist in der Zukunft«, sagte ein Fremder in einer Bar in Hakaniemi zu mir, einem nüchternen Stadtviertel Helsinkis. Die Hand? Was nützt mir die Hand, wenn Kopf und Körper an die Gegenwart gekettet sind?, denke ich, während wir die Schärenküste überfliegen in Richtung offenes Meer. Und schon fällt mir ein anderer Satz Björlings ein: »Jag skriver inte litteratur, jag söker mitt ansikte och fingrarna.« – »Ich schreibe keine Literatur, ich suche mein Gesicht und die Finger.«

Während also meine Hand, die schreibt, in die Zukunft eilt, kehre ich zurück in ein Land, das *very gerMAN* ist, wie amerikanische Freunde gern sagen. In eines der sonderbarsten Länder Europas, wie eine schwedische Freundin angesichts der großen Zahl an westdeutschen Vollzeit-Hausfrauen erstaunt feststellte. In einen Staat, der wundersamerweise noch immer die bürgerliche Kleinfamilie steuerlich stützt, statt durch Unterstützung der Einzelnen verrostete Hierarchien auszuhebeln und der Vielfalt des Zusammenlebens gerecht zu werden. Wie es in Schweden schon lange der Fall ist.

Ich kehre zurück auf diesen weltfremden Planeten, wie finnische Wissenschaftlerinnen am Kolleg der Universität Helsinki befanden, als sie erfuhren, dass der Begriff »Rabenmutter« noch zum aktiven Wortschatz gehört.

Ich kehre zurück in ein Land, für das ich mich im Ausland häufig rechtfertigen muss (und nicht selten schäme). Wie rechtfertige ich den Stolz einer großen Boulevardzeitung, die jeden Tag ein barbusiges Objekt abbildet (ohne ein einziges barschwänziges Objekt), darauf, ihre Frauenfeindlichkeit offen als hochreflektierte, selbstironische Eigenwerbung zu präsentieren? Wie rechtfertige ich eine Institution wie die Akademie der Künste, die mit ihren 60 Männern und sechs Frauen schon lange keine Realität mehr abbildet, oder die Akademie für Sprache und Dichtung mit 250 Männern und etwa 50 Frauen? Sollte nicht wenigstens die Kunst – ihrer Zeit voraus, wie man ihr gern nachsagt – die Klaviatur gesellschaftlicher Möglichkeitsformen beherrschen? Wie erkläre ich eine Formulierung wie »bekennende Feministin«, die offenbart, dass man sich in Deutschland noch dazu bekennen muss, als sei es eine Glaubensrichtung und keine Selbstverständlichkeit. Eine im Übrigen immer noch leicht anrüchige Glaubensrichtung, die schnell mit Radikalität und Dogmatismus gleichgesetzt wird.

Und wer sagte noch gleich, Frauen wollen ihre Familie beschützen, sie wollen Sicherheit, und sie wollen zu Hause bleiben? So äußerte sich ein Manager in einem unkommentierten Interview eines renommierten Radiosenders, bei dem es um die Frage ging, ob eine 30 %-Quote für weibliche Führungskräfte eingeführt werden sollte. Frauen, so der Manager, wollten gar nicht in Führungspositionen. Sie würden die 30%-Quote niemals erfüllen können. Weitere Überlegungen blieben aus. Mögliche Gründe dafür oder die Frage, ob das an der Beschaffenheit von deutschen Führungspositionen liegen könnte, interessierten ihn nicht.

Die New York Times fand vor nicht allzu langer Zeit eine unangenehme Erklärung für diese rückwärtsgewandten Strukturen. In Deutschland sei man das Abbild der Hitlerfamilie noch immer nicht losgeworden: »Female mother cult and male fraternity. These mental stereotypes have not yet been culturally processed and purged«, war am 28.06.2011 unter dem Titel »Women Nudged Out of German Workforce« zu lesen. – Das ist seltsam für ein Land, das seine Geschichte von Totalitarismus und Faschismus seit 60 Jahren vorbildlich aufgearbeitet hat. Nur eine Kleinigkeit wurde dabei offenbar übersehen.

Die Ostsee unter mir ist wolkenverhangen. Die Sicht wird schlechter. Ich schlage zur Einstimmung die deutschen Zeitungen auf: Die Normalität von Herrenwitzen und sexueller Belästigung ist ins Kreuzfeuer geraten. Und eine Berliner Wissenschaftlerin am finnischen Kolleg scheint nicht nur bei mir, sondern bei der deutschen Öffentlichkeit mit ihrer Bemerkung Gehör gefunden zu haben, dass viele ihrer nicht weißen Freund*innen regelmäßig grundlos von Polizist*innen auf der Straße angehalten und nach dem Pass gefragt werden: Deutschland hat ein Rassismus-Problem, stellen die deutschen Zeitungen nun fest. Deutschland hat ein Sexismus-Problem. Die Debatten schießen ins Kraut und führen zu so absurden Beschwerden wie der, dass man wohl angesichts einer solch übertriebenen sprachlichen Korrektheit auch noch die gesamte Literaturgeschichte umschreiben wolle inklusive der Bibel! Kaum einer, dem auffällt, wie seltsam es ist, dass Bibel und Literaturgeschichte nur so strotzen vor Gewalt gegen Frauen. Warum stellt eigentlich niemand die auf der Hand liegenden Fragen? Aber was da aus den Zeitungen dringt, kündet immerhin davon: Es tut sich was.

Es tut sich immer dann etwas, wenn Tausende Einzelereignisse eine kritische Masse erreichen. Wenn nicht nur einer Einzelnen, sondern einem Großteil der Gesellschaft die Augen aufgehen, der Moment, in dem klar wird, dass etwa ein sexueller Übergriff nicht nur die persönliche Verfehlung eines Einzelnen ist, dass das Schlagen und Töten von Frauen durch ihre biodeutschen Männer, das Vergewaltigen von Frauen und Kindern in Doppelhaushälften und Schrebergärten einem Muster folgen, einem Prinzip, das beim herablassenden Dirndl-Kommentar anfängt und im Extremfall bis zum Frauenhandel reicht.

»Wiederholung ist eine Erinnerung in Richtung nach vorn«, schrieb Kierkegaard. Jede Wiederholung beinhaltet auch etwas Neues, da sie sich von der vorherigen schon durch ihre zeitliche Verortung unterscheidet. Werden also Tausende Einzelereignisse oft genug wiederholt, tragen sie unter Umständen zu einer umwälzenden Veränderung bei.

Der Moment dieses ersten Augenöffnens, denke ich vor der aufgeschlagenen Zeitung im Flieger, wurde nicht nur von den Ereignissen in Deutschland selbst vorbereitet, sondern auch von den Flammenherden anderswo, von der Vergewaltigung und Folterung einer Inderin im Bus, von den Belästigungen und Vergewaltigungen von Frauen auf dem Tahrir-Platz, von Klitoris-Verstümmelungen, Tötung weiblicher Föten, Zwangsverheiratung und Ehrenmorden, von Männern, die Frauen mit Säure übergießen, und männlichen Amtsträgern, die die Steinigung von Frauen anordnen. Von hier oben sind Indien, der afrikanische Kontinent oder der mittlere Osten nur eine Kopfbewegung entfernt. Auch am Computer lösen sich Entfernungen innerhalb weniger Klicks auf. Und so öffnet sich der Außenblick aufs Eigene wie von ungefähr. Was bei uns langsam als struktureller Sexismus oder Rassismus erkennbar wird, ist Zeichen eines verheerenden globalen Problems.

Es tut sich was.

Aber, denke ich, als die Anschnallzeichen erlöschen, dass wir es uns leisten könnten, nicht mehr zu sprechen, das, lieber Herr Björling, wird noch mehr als ein Leben lang dauern.

(2013)

Mehr Abenteurer der Hingebung!

40 Prozent der Deutschen ekeln sich, wenn Frauen einander küssen, wenn Männer einander küssen. Das schrieb Sasha Marianna Salzmann vor einiger Zeit im Tagesspiegel. 40 Prozent. Das ist beinahe jede Zweite (abzüglich der Queers sind es vielleicht mehr als die Hälfte). Ich weiß nicht, ob es darüber statistische Erhebungen gibt, aber angesichts der hohen Einschaltquoten ist es unwahrscheinlich, dass sich die Hälfte derjenigen, die Sonntagabend »Tatort« schauen, ekeln, wenn Menschen einander töten.

Kollektiver Ekel deutet oft auf ein Tabu hin. Die Handlungen, die diesem Tabu unterliegen, haben damit zu tun, wie Gesellschaft sich im Kern organisiert. Das Inzesttabu beispielsweise, jenes grundlegende Verbot, das in verschiedenen Gesellschaften unterschiedliche Grade von Verwandtschaft betrifft, regelt, in welchen Beziehungen Menschen zueinander stehen. Hier organisiert sich, was das Eigene und was das Fremde ist.

Menschen, deren Körper nicht auf fortpflanzungsfördernde Weise miteinander kombiniert sind (biologischer Mann + biologische Frau), unterliegen in ihrem Begehren und Lieben einem wirksamen Instrument gewaltvollen Ausschließens. Sie sind das Fremde. Manchmal dürfen sie untereinander Bündnisse eingehen, die auch bei uns endlich nicht mehr eine mindere Version der Ehe sind. (Zwischenzeitlich gab es in Deutschland auch da zwei Klassen.) Solange sie unter dem Mantel der Heterosexualisierung verschwinden, Partner oder Partnerin brav als »mein Mann« und »meine Frau« titulieren und sich auch sonst in ihrem öffentlichen Paarverhalten ununterscheidbar vom heterosexuellen Standard machen (die schmerzhafteste Herabsetzung war logischerweise die Verweigerung des Adoptionsrechts), solange sie also mangelhaft Heterosexualisierte sind, gehören sie mittlerweile dazu.

Das ist nur gerecht. Der Staat gewährt einer Lebensform Schutz; die Sexualität hat ihn nicht zu interessieren. Ohne diese politische Errungenschaft ist eine moderne Demokratie ziemlich unglaubwürdig. Und doch muss ich an schöne, wilde Steppenpferde denken, die man in einen Zoo gesteckt hat. Sie lassen sich einzäunen (vergattern hätte man im Osten gesagt), um nicht mehr draußen zu sein. Kein Strandgut mehr, angespült an den Rändern der Gesellschaft.

Schauspieler*innen, Sänger*innen, Moderator*innen; sie alle outen sich mittlerweile. Dabei kungeln und turteln nicht wenige von ihnen vor der Kamera so ostentativ am Heteronormativ entlang, als hätten sie dennoch Angst aufzufliegen. Neulich sagte eine

Frau aus dem Kulturbetrieb, die mit einer Frau verpartnert ist, zu mir, mein Episodenroman »In den Wäldern des menschlichen Herzens« sei ihr zu lesbisch. Darin geht es um Sehnsucht, Liebe und Trennung, klassische Short Stories mit dem Unterschied, dass Personal und Begehren hauptsächlich queer (und unverheiratet) sind. Ich freue mich auf den Tag, an dem ein heterosexueller Leser zu Clemens Meyer sagen wird: Entschuldige, mein Lieber, aber deine Geschichten sind mir zu hetero.

Ab einer Menge von 30 Prozent werde ein Phänomen systemisch, schreibt die Politikwissenschaftlerin Ulrike Guérot; ob es der Verlust von Sauerstoff in einem See sei oder Rechtspopulismus. Der See kippe. Die Gesellschaft kippe. Ist die mangelhafte Heteroheit in Zeiten der Dezivilisierung, wenn die Schleusen der Enthemmung und Gewaltbereitschaft weit offen sind, also nurmehr eine neue Tarnung angesichts von 40 Prozent, die der Ekel befällt, wenn Steppenpferde einander küssen? Oder einander gar entkleiden?

»Carol« war in dieser Hinsicht ein perfekter Film. Küssen und Ausziehen sind so makelbehaftet, dass sich Cate Blanchett und ihre Figur vor der eigenen Courage zu ekeln scheinen. Lesben mochten den Film, weil er funktioniert wie das Leben. Es lässt sich all das Unterschwellige in ihn hineinlesen, mit dem man sich in queeren Kreisen eingerichtet hat, Begehren funktioniert weiterhin als Subtext, wovon kaum ein Luftbläschen an der glatten Oberfläche kündet, auch lange nach Patricia Highsmith nicht.

Ich muss an eine andere Schauspielerin denken, an Kate Winslet. Die sagte jüngst in einem Interview: »Für gleichgeschlechtliche Liebeszenen verwendet man immer noch Wörter wie ›provozierend‹ oder ›explizit‹. Wofür man in heterosexuellen Liebeszenen selbstverständlich die Wörter ›leidenschaftlich‹ und ›intensiv‹ verwenden würde.«

Ich muss an den öffentlichen Sex letzten Sommer in der Berliner Hasenheide denken, der durch die sozialen Netzwerke ging: Cis-Mann und Cis-Frau halbnackt auf- und ineinander auf einer öffentlichen Liegewiese, angefeuert und gefeiert von Umstehenden, wurden als ein Triumph der Vitalität und Lebensfreude gelesen. Was, wenn Schwule, Lesben oder Transgender ihre Körper auf die gleiche Weise begehrend in Szene setzen würden? Nicht in Tanz übersetzt und als Show performt auf einer halbpolitischen, karnevalesken Prozession, die ein deutlich markiertes Ende hat, nicht als versabberte, kalt ausgeleuchtete Akrobatik wie im unsäglichsten aller diesbezüglichen Filme, sondern mitten im Alltag, aus spontaner Lust, auf einer Wiese im Park?

Das Vulgäre daran ist auch beim Cis-Sex zu beklagen. Aber käme ein solches Ereignis mit, sagen wir, ausschließlich weiblicher Besetzung überhaupt in die Nähe einer Feier des Vitalen? Würden einander begehrende Frauen als »Abenteurer der Hingebung« gelesen, wie die Künstlerin und Politikerin Louise Hartung in den 50er Jahren in einem Brief an ihre große Liebe Astrid Lindgren es sich vorstellte? »Wir brauchen in der Welt viel mehr ›Abenteurer der Hingebung‹, sonst ersticken wir an der Geschäftemacherei und der Bürokratie.«

Eher käme einem Teil der Parkbesucher wohl das Wort »Pornographie« in den Sinn. Sex zwischen Frauen gilt, man glaubt es kaum, einem bildungsbürgerlichen Mainstream noch immer als Ereignis zur heteromännlichen Befriedigung, nicht zur Befriedigung der Lust der Beteiligten. Im Zusammenhang mit »In den Wäldern des menschlichen Herzens« bekam ich öfter Kommentare zu hören, die auf den angeblich pornographischen Inhalt anspielten. Was ich zunächst nicht verstand. Hatte ich Sex denn vergegenständlicht? Hatte ich aus meinen Figuren reine Objekte gemacht? Zeigte ich denn Geschlechtsteile in Großaufnahme? Vereinzelte Akte, eine Mechanik der Körper, die fragmentiert vorm distanzierten Blick des Konsumenten abläuft? Nein. Die Lüste der Figuren sind eingebettet in ihre Emotionen und Erfahrungen, in individuelle Geschichten, die anstelle von Voyeurismus Involviertheit beim Lesen voraussetzen.

Aber darum ging es gar nicht, wurde mir nach einer Weile klar. Allein die Tatsache, dass Frauen oder Transmenschen einander erotisch begehren, lässt mehr als 30 Prozent der Leserschaft an Pornographie denken, wie ich eines Abends während einer Lesung begriff. Die Gastgeberin, die mich eingeladen hatte, ohne das Buch zu kennen, schämte sich nun, da sie es gelesen hatte, so sehr, dass sie sich in ihrer Einführung dafür entschuldigte, mich eingeladen zu haben.

Ich war schmutzig, schrieb Schundliteratur, schien sie zu sagen. Dieser unausgesprochene, aber umso deutlichere Vorwurf raubte meinen Figuren ihre Geschichte, ihr Begehren, ihre Subjektposition. Sie wurden als Ding der Befriedigung anderer gesehen. Das war erniedrigend. Ich brauchte Wochen, um dieses Gefühl wieder loszuwerden. So muss es sich anfühlen, dachte ich, missbraucht worden zu sein.

Dient die Tarnung als »Mangelhetero« also wieder einmal dazu, dem pornographisierenden Blick der Öffentlichkeit zu entgehen?

Vielleicht verhält es sich jedoch ganz anders. Vielleicht schämte sich die Gastgeberin aus einem anderen Grund. Vielleicht genierte sie sich wegen eines Gefühls, das uns verband. Sie war für einen Augenblick verführt worden (zum Lesen?, zur Intensität?) und hatte ein Tabu gebrochen.

Wäre ich schlagfertig gewesen, hätte ich dem bildungsgesättigten Publikum an jenem Abend in Anlehnung an James Baldwin gesagt: »Ich habe die lesbische Frau nicht erfunden. Sie ist eine Erfindung der Heterosexuellen, und die Heterosexuellen müssen sich fragen, wozu sie sie brauchen.«

Wozu braucht unsere Gesellschaft den Ekel vor dem queeren Kuss? Um den Wildwuchs zurückzuhalten, die unsortierte Lust? Damit die Rätsel der Existenz und das Ungeordnete dem Arbeitsalltag nicht in die Quere kommen, der Produktion, all das, was neben einer tiefen Welterfahrung auch Leere, Angst und Ungewissheit mit sich bringt, nicht gestutzt werden kann wie eine Gartenhecke und womöglich einen Produktionsausfall in der Kindererzeugung zur Folge hätte (Aussterben der Spezies!). Aber ist das nicht ein alter Hut? Also doch hoffentlich nicht bloß, damit die Geschäfte wie geschmiert laufen! Das aber sollen andere beantworten. Nicht ich.

Denn an dieser Stelle überkommt mich die wilde Lust, nicht weiterzuschreiben.

(2017)

III Formen der Hingebung

Astrid und Louise

»Wir brauchen in der Welt viel mehr ›Abenteurer der Hingebung‹, sonst ersticken wir an der Geschäftemacherei und der Bürokratie.«

Das sagt eine, die einen Krieg durchlebt hat, die unter den Nazis einem Berufsverbot als Sängerin ausgesetzt und gezwungen war, an der russischen Front vor der Wehrmacht aufzutreten, und deren Haus nach eigener Aussage eines der letzten umkämpften Häuser Berlins war: Louise Hartung, engagierte Pädagogin und Bildungspolitikerin und große Liebende. Als sie diesen Satz formulierte, lag der Zweite Weltkrieg gerade acht Jahre zurück.

Eine »Abenteurerin der Hingebung« war Louise Hartung selbst. Ihr Abenteuer ist der Mut zu subjektiver Innerlichkeit und der damit einhergehende Anspruch auf Selbstbehauptung. »Ich jedenfalls«, schrieb Louise Hartung am 24. August 1954 an Astrid Lindgren, »möchte meine Freiheit gebrauchen, um nach eigenem Willen meinem eigenen Gefühl zu folgen.«

Damit ist der Ton gesetzt. Von Oktober 1953, als

sich die beiden Frauen zum ersten Mal in Berlin begegneten, bis November 1964, kurz vor ihrem Tod, wird Louise Hartung in umfangreifen, zärtlichen, stürmischen und traurigen Briefen Astrid Lindgren umschwärmen, immer wieder befeuert von wenigen Begegnungen und gemeinsamen kurzen Reisen. Louise Hartung geht das Wagnis ein, sich so schutzlos zu offenbaren, dass sie damit bei Astrid Lindgren auch an die Grenze des Zumutbaren stößt.

Ungewöhnlich ist das schon deshalb, weil Deutschland die entgegengesetzte Richtung eingeschlagen hatte. In Ost wie West ging es erneut hinein in eine gesellschaftlich verordnete Doktrin; die einen marschierten in die nächste Diktatur, in der das Subjekt nichts galt, die anderen zurück ins Kaiserreich mit all seinen verspießerten, patriarchalen Mustern, die sich in den 20er und 30er Jahren schon einmal zu lockern schienen.

Die Forderung höchster Subjektivität, die sich seit der Romantik ausdrückt über ein leidenschaftliches Liebessehnen, ist anarchisch. Sie lässt sich nicht vereinnahmen von gesellschaftlichen Zweckmäßigkeiten. »Wenn ich es mir recht überlege, habe ich mein ganzes Leben nur Liebeslieder gesungen, was für ein unnützes Dasein«, so Louise. Höchste Subjektivität steht in radikalem Gegensatz zu einer Politik der Abschottung einerseits und einer deutschen Kollektivschuld andererseits, deren geistiger Bodensatz erst abgetragen werden muss, woran sich Louise Hartung in ihrer öffentlichen Funktion als Bildungspolitikerin intensiv beteiligt. Für diese ungewöhnliche, impulsive, künstlerisch umtriebige, belesene und tatkräftige Frau mag die Liebe zu Astrid, so unerwidert sie zunächst blieb, in der tristen Nachkriegszeit existenziell gewesen sein.

Louise gibt den Ton des mehrjährigen Briefwechsels zwischen ihr und der damals in Deutschland gerade erst Berühmtheit erlangenden Kinderbuchautorin vor, eine Korrespondenz, die 2016 unter dem Titel »Ich habe auch gelebt!« im Ullstein-Verlag erschien. Die ersten vier, fünf Jahre dieses Briefwechsels sind durchglüht von Louises leidenschaftlicher und ungeschützt geäußerter Sehnsucht, von einem Überschwang des Gefühls und einer Begeisterung, vor der Astrid, die im kriegsverschonten Schweden ein gemäßigtes Leben führte, zurückschreckt. Hartung ist es, die Lindgren immer wieder hervorlockt aus ihrer Verschalung, die ihre Höflichkeitsfloskeln sprengt und die die Schriftstellerin geradezu herauszerrt aus einer Verschlossenheit, die ein Lindgren'scher Wesenszug war.

Lindgren, oft nur als Schöpferin gut gelaunter Kinderbücher bekannt, erscheint in ihren Briefen fast als Gejagte. Sie fühlt sich überfordert von den Ansprüchen, die von allen Seiten an sie gestellt werden, und braucht doch alle diese Menschen und das familiäre Polster. Louise gegenüber zeigt sich Lindgren als Melancholikerin, deren düstere Veranlagung nur im Schreiben und in menschenleerer Natur verschwindet, wo sie ganz bei sich ist. Lindgren, die unentwegt nach Einsamkeit und Ruhe sucht, beschäftigte keinen Sekretär wie Goethe, den sie so bewunderte, sondern beantwortete alle an sie gerichteten Briefe selbst. Außerdem betreute sie nach dem frühen Tod ihres Mannes ihre sterbenden Eltern, ihre schwangere Tochter und ihre Enkel, kochte, nähte, buk und spendete Trost; dem Schreiben geraubte Zeit. Louise gegenüber macht sie deutlich: Der Druck internationalen Erfolgs belastet sie zunehmend, auch deshalb, weil sie dem eigenen Anspruch nicht mehr gerecht wird, die Unmenge an sie gerichteter Briefe zu beantworten. Der Austausch mit Louise Hartung steht am Ende ihrer produktivsten Phase als Schriftstellerin; zwischen 1945 und 1955 entstanden immerhin zwanzig Bücher.

Louise gegenüber offenbart sich Astrid auch in ihrem Alltag. Da trägt sie in ihrer Enklave Furusund in den Stockholmer Schären schlunzige Arbeitsblusen. Ingmar Bergmans Filme kann sie nicht leiden, liest dagegen begeistert Tagebücher und Briefwechsel, fährt schlecht Auto und liebt Rosen, Weihnachten, deutschen Wein und Schwäbisch Hall. Und gibt auch zu erkennen, was für eine enorme Überwindung es sie kostet, Vertrauen zu haben und sich schließlich langsam zu öffnen.

Louise Hartung wiederum führt in ihren Briefen eine Offenheit des Denkens vor, in der noch der kulturelle und künstlerische Drive der Vorkriegszeit mitschwingt und die man nicht unbedingt mit den 50er Jahren in Verbindung bringen würde: Eine ungeheure

Lebensfreude drückt sich in ihrem Schreiben aus, eine Begeisterungsfähigkeit und Unbeschwertheit, ein Einfallsreichtum, eine Hingabe an alles Schöne, an Blumen, Wein, Literatur, Musik oder die Fülle eines wuchernden Gartens, der nicht zurechtgestutzt und in eine Ordnung gebracht wurde wie die Ems, der Fluss in Hartungs Geburtsort Münster, von dem sie sagt: »Heute ist er natürlich begradigt, wie alles, was schön war.«

Davon kann diese Künstlerin so pointiert erzählen, das skizziert sie so leichtfüßig, kommentiert sie so ironisch und klug, als handele es sich bei allem, was ihr widerfährt, um die Abenteuer einer anderen. Denn die Nazis hatten ihre Karriere als Sängerin zerstört, sie hatte gute Freunde durch Verfolgung und Krieg verloren, war ausgebombt, von Rotarmisten vergewaltigt worden und hatte jahrelang mit Schmerzen zu kämpfen. Der Widerstand gegen jede Art von Zumutung – ob politisch, zwischenmenschlich oder körperlich – schien für sie auch darin zu bestehen, sich neu zu erfinden. Das tat sie tatsächlich mehrmals: als Regieassistentin, Porträtfotografin, schließlich als Politikerin. Mit ihrer einflussreichen Position in der westdeutschen Jugend- und Bildungspolitik trug sie entscheidend zu Lindgrens schnellem, überwältigenden Erfolg in Deutschland bei.

In den Jahren des rauschhaften Gefühls überstrahlt Louises Erzählen das der berühmten Schriftstellerin. Ihre Briefe sind Ausdruck jener höchsten Subjektivität, die der Unbedingtheitsanspruch auf das eigene

Empfinden mit sich bringt, während Astrid aus der Distanz spricht. Das eigene Empfinden steht bei ihr hinten an.

Es ist ein bemerkenswerter Gegensatz, der sich hier auftut auf der Grundlage gegenseitiger Anziehung und Faszination. Dankesformeln, begleitet von schlechtem Gewissen und Neugier bei Lindgren, Vertrautheit und behauptete Wesensverwandtschaft bei Hartung. Ein Stil, der die Konventionen des Briefschreibens jederzeit beibehält auf der einen, eruptive Gefühlsausbrüche auf der anderen Seite. Pointierte und kontroverse Ansichten bei Louise, gezügelte Meinungsäußerungen und bedachte Selbstauskünfte bei Astrid, die selten durch Originalität hervorstechen. Darin mag sich eine typisch schwedische Eigenart ausdrücken, sich nie in den Vordergrund zu spielen, die auf einem tief verankerten, sozialen Prinzip beruht, dem *Jantelag*. »Du sollst nicht glauben, du seist jemand Besonderes«, lautet eines der Gebote des Jante-Gesetzes. Lindgren war eben auch ein vorbildliches Mitglied dieser vom Jantelag unterschwellig gesteuerten schwedischen Gesellschaft. Eine Selbstaussage vom 30. April 1954 verdeutlicht das: »Aber ich war eigentlich nie anders als andere, jedenfalls habe ich das nie geglaubt oder so aufgefasst, und ich denke immer noch, dass ich vollkommen gewöhnlich bin.«

Überschrieben ist dieser Brief mit »Walpurgisnacht«. Am 30. April wird in ganz Schweden der Frühling rituell mit großen Feuern und Gesang begrüßt. Gesellschaftliche Feiertage sind für Lindgren ebenso wichtig wie Tagesabläufe und das Wetter, das im Norden natürlich eine existenziellere Rolle spielt. Für Lindgren scheint es auch eine Möglichkeit gewesen zu sein, ihren Gemütszustand auf unaufdringliche Weise zum Ausdruck zu bringen. Indem sie aufs Wetter anspielt, erzählt sie von sich. Als könnte sie sich selbst am besten in Begriffen der Wetterlagen begreifen, schreibt sie geradezu eine Meteorologie ihrer Verfasstheit.

Louises Gefühle werden nach ihrem Besuch bei Astrid auf Furusund im August 1954 entfesselt. In den folgenden Jahren steigern sich Sehnsucht und Begehren bis zu einem fast verzweifelten Anrennen gegen Astrids Höflichkeiten, ihre maßvollen, nie das Angemessene übersteigenden Antworten und die unzugängliche, wenn auch aufrichtige Freundlichkeit.

»Glaubst du wirklich, ich sei unglücklich, weil du deinen schönen Körper für dich allein schlafen legst?«, schreibt Louise 1958. »Ja, ich bin unglücklich, aber doch nicht aus diesem Grunde, sondern weil ich unter deiner Verschlossenheit und deinem Mangel an Vertrauen, an dieser künstlichen Distanz und einem gewissen, unnatürlichen Verhalten leide.«

Dieses »unnatürliche Verhalten« mag Lindgrens Naturell geschuldet sein. Allerdings zeigt es auch die Unsicherheit im Umgang mit dem Liebeswerben einer Frau. Was Louise an freigeistigem Denken aus den 20er und 30er Jahren in Paris und Berlin mitbringt, hat es in dieser Selbstverständlichkeit nicht einmal in der Großstadt Stockholm gegeben. Im Ge-

genteil, Lindgren war konfrontiert mit patriarchalen Strukturen, in denen eine Frau gebrandmarkt war, die wie sie unehelich ein Kind zur Welt brachte. Ihren Sohn hatte sie heimlich in Dänemark geboren. In den 50er Jahren waren Gay-Pride-Paraden und offen queeres Leben selbst in Schweden noch undenkbar.

Anfang 1955 kommt das Thema Sexualität zwischen den beiden erstmalig zur Sprache. »Ich wollte nicht, dass geschieht, was ich will, sondern nur, was du willst.« So erklärt die Abenteurerin der Hingabe ihre Ergebenheit auch in Bezug auf das, was sich erotisch zwischen ihr und Astrid ereignet oder eben nicht ereignet. Dennoch sieht Astrid sich zu einer Erklärung genötigt, die sie warm, aber bestimmt und ganz im Einklang mit den Ansichten ihrer Zeit abgibt. Obwohl sie jede Art von Liebe anerkannt wissen will, führt sie Louises homosexuelles Begehren auf negative Erlebnisse mit Männern zurück, wobei sie auf die Vergewaltigungen durch Sowjetsoldaten anspielt. Damit pathologisiert sie Louises individuelles Gefühl, was diese zutiefst verletzt haben muss. Lindgren bekennt, nur mit Männern »körperliche Gemeinsamkeit« haben zu können. Das bezeichnet sie selbst als altmodisch und bäuerlich und meint damit so etwas wie bodenständig und echt. Damit entwertet sie Louises Liebe als Mode, als etwas Vorübergehendes, als eine Phase, ein artifizielles Gefühl.

Beides hat Tradition in der Geschichte der Homosexualität. Pathologisierung auf der einen Seite, Aberkennung von Authentizität auf der anderen Seite sind über Jahrhunderte hinweg typische Reaktionen einer heteronormativen Gesellschaft auf abweichendes Begehren.

Da ist es erstaunlich, wie lässig und unverkrampft Louise darauf antwortet. Sie, die sehr wahrscheinlich Virginia Woolf gelesen hat, vielleicht auch Radclyffe Hall, eine Zeitgenossin Woolfs, die wegen ihres mittlerweile zum Klassiker gewordenen Romans »The Well of Loneliness« über eine lesbische Liebe 1928 noch vor Gericht stand. Sicherlich war Louise Hartung auch mit den tiefenpsychologischen Texten C.G. Jungs vertraut, vielleicht mit der Arbeit des Sexualwissenschaftlers und Vordenkers der Homosexuellenbewegung Magnus Hirschfeld. Und doch attestiert sie den gesellschaftskonformen Ansichten ihrer großen Liebe entspannt eine nicht ganz vorurteilslose, »gesunde Normalität«.

Im Normalität«. Im selben Atemzug macht Louise die Differenziertheit des Menschen abhängig davon, wie stark in ihm sowohl männliche als auch weibliche Eigenschaften ausgeprägt sind, und erklärt das biologische Geschlecht zu etwas Sekundärem. Für sie zählt allein das Individuum und zwar vor jeder gesellschaftlichen Zurichtung, was die Politiken des Körpers einschließt, ein Gedanke, der damals noch sehr neu war.

Ähnlich offen wie in Bezug auf das Geschlecht – heute würde man sagen »fluid« – hält Louise es mit der Definition von Gefühlen. Auch hier ist Astrid ihrer Auffassung nach vertäut in gesellschaftlichen Standards. »Außerdem scheint mir, dass du eine bestimmte Trennung der menschlichen Beziehungen in sogenannte freundschaftliche und liebende Gefühle vornimmst«, schreibt sie am 11. Januar 1955.

Nicht von ungefähr bringt Louise einen leidenschaftlichen Briefwechsel aus der Romantik zwischen Luise Justinie Mejer und Heinrich Christian Boie ins Spiel, den Astrid bald begeistert aufgreift: »Lieber Boie … hätte ich beinahe geschrieben«.

Mit der Romantik brach die große Zeit des Individuums an. Der Mensch definierte sich nicht länger allein durch den sozialen Stand, als Teil des gottgegebenen Plans, sondern über innerste Empfindungen, die ihn einzigartig machten. In Form von Briefwechseln fand das zunächst auf unvermittelte und unsortierte Weise Ausdruck. Empfindsamkeit, Zärtlichkeit, Leidenschaft, Sehnsucht, körperliche Vertrautheit waren noch nicht ordentlich in klar voneinander abgrenzbare Formen der zwischenmenschlichen Nähe einsortiert, sondern konnten sich gleichermaßen als Freundschaft wie als Liebe ausdrücken, oft ununterscheidbar. Die Gestaltung des jeweiligen Verhältnisses blieb vage und veränderbar, ganz den wechselhaften Wünschen derer unterworfen, die daran beteiligt waren. Sich im anderen uneingeschränkt selbst zu finden, darauf zielte das von Männern gedachte romantische Ideal ab.

Astrid und Louise dient der historische Briefwechsel zwischen Mejer und Boie als Folie ihres eigenen Verhältnisses. Astrid scheint aufzuleben, als hätte sich ihr eine Ebene eröffnet, auf der Leidenschaft einen Ausdruck finden darf. So stellt sie etwa fest, dass sie nun schon so schreiben würde wie die historische Luise und Louise in Zitaten umwirbt. Louise wiederum verwendet in einem kurzen Brief vom April 1963 die Schreibweise ihres Vornamens für den Namen der historischen Figur. So erfährt nicht zuletzt das geschlechterspezifisch streng geregelte romantische Ideal (die Frau war von Einzigartigkeit und Originalität qua ihrer Natur ausgeschlossen) eine subversive Umdeutung.

Mit Beginn der 60er Jahre aber ebbt der emotionale Überschwang bei Louise ab. Ihre Briefe verschlanken sich, ihr Ton wird gezügelt, wachsam, härter. Zuweilen entwickelt sie einen überraschenden Sarkasmus, den Astrid ignoriert oder mit stoischer Freundlichkeit pariert. Als Dank für ein Tuch, das Astrid ihr geschickt hat, schreibt Louise: »Ja, ja, dieses Tuch ist lindgrün und schön wie du (nur natürlich viel, viel weicher).« Als Louise den Wunsch äußert, gern stärker am Leben der Freundin im fernen Schweden teilzuhaben, und Astrid mit der Sorge antwortet, nicht von Louises Tod zu erfahren, sollte der Freundin etwas zustoßen, schreibt Louise bitter zurück: »(...) in meinem nun endlich gefertigten Testament ist der Vollstrecker angewiesen, dir sämtliche in meiner Wohnung befindlichen Vasen zu schicken. Solange die nicht ankommen, bin ich wohl noch nicht gestorben.«

Die Energie, die zu Beginn ins Schreiben floss, scheint durch die Enttäuschungen zunächst umgeleitet: Louise schickt Astrid Wein. Paketweise. Immer wieder. Auf den wenigen gemeinsamen Ausflügen in

Louise Hartungs Auto durch Deutschland hatten die beiden einige Weingüter besucht. Astrid Lindgren, davon stark beeindruckt, kam anschließend in ihren Briefen oft darauf zurück. Und so überhäuft Louise sie mit Weinpaketen. Zuweilen wirkt die Furiosität, mit der Louise bestellte Weinflaschen auspackt, den Wein in harmlose Saftflaschen umfüllt (heute ist es zwar nicht mehr illegal, Wein ins nordische Land zu schicken, aber immer noch mühsam), die Saftflaschen neu etikettiert und wieder in Kartons verpackt, als solle das Packen die Ersehnte ersetzen.

Irgendwann fehlt selbst dafür die Kraft, was auch einer aggressiven Krebserkrankung geschuldet ist. In dem Maße, in dem Louise knapper und wortkarg wird, werden Astrids Briefe ausführlicher, offener, bisweilen sogar fordernd. Jetzt, wo Louise zu verschwinden droht, wird Astrid die Wichtigkeit der Freundin überhaupt erst bewusst. Ganz im Sinne der »Sprache der Liebe«, wie Roland Barthes es formulierte, als er das romantische Ideal in die Postmoderne holte, und ihrer besonderen Dynamik. Schmerzhaft, dieser Dynamik mit dem Wissen zu folgen, dass Astrid und Louise für den Austausch nur noch wenige Jahre bleiben.

Auch das hehre Ideal der Romantik war ja im Laufe der Zeit begradigt worden, »wie alles, was schön ist«. Das anarchische Element eines sich zweckfrei verströmenden Gefühls mündete in die kleinbürgerliche Ehe und wurde aufs Maß der gegengeschlechtlichen Paarbeziehung heruntergestutzt, in Dienst genommen von »Geschäftemacherei und Bürokratie«. Dass Louise andere Vorstellungen von einem gemeinsamen Leben hatte, ohne das Abenteuer der Hingebung zu verraten, zeigt ihre Erklärung von 1955: »Nur du und ich ist eine Denkweise, die mir ganz fremd ist, jeder Mensch weckt doch in einem anderen Menschen andere schlummernde Züge auf, jeder versetzt andere Saiten in Schwingungen, niemals kann es eine Wiederholung geben und ›nur du und ich‹ scheint mir der Anfang der Sterilität zu sein.«

Das war mehr als ein Spruch, wie eine dritte Person deutlich macht, die im Briefwechsel dieser beiden herausragenden Frauen Erwähnung findet: Gertraud Lemke. Die Psychotherapeutin und Buchautorin wird nur am Rande erwähnt, dürfte in Louises Leben aber eine zentrale Rolle gespielt haben. Gertraud Lemke war lange Jahre Louise Hartungs Freundin und Geliebte. Von ihrer beider Beziehung ist nicht viel bekannt. Aber klar wird doch, wie nah sie sich standen. Gertraud ist es, die für Louise da ist, sie auffängt und schließlich im Sterben begleitet. Sie ist es auch, die nach Louises Tod in einem Brief an Astrid die große Liebe ihrer Freundin zur fernen schwedischen Schriftstellerin in Worte zu fassen versucht. Als Dritte besitzt Gertraud den Blick von außen und eine tiefe Vertrautheit mit Louise:

»Sie hatte sich mit Dir und um Dich ein Königreich errichtet, in das sie alle ihre Illusionskraft hineinstrahlte und das sie gegen alle Banalitäten und Ernüchterungen abschirmte. Und Du warst die Richtige dafür, diese Fascination zu erwecken und den Erwartungen aus einer solchen Fascination zu entsprechen.

Und doch meinte sie auch noch ganz etwas anderes als nur Dich mit dieser Königin der verschlossenen Schreine, der seligen Träume, der unerfüllten Sehnsüchte, der unsagbaren Seligkeiten.«

Etwas anderes als nur dich. Damit dürfte Louise auch sich selbst gemeint haben, die sich über die Unbedingtheit und Genauigkeit ihres Empfindens und die Unkorrumpierbarkeit ihres Gefühls eine Widerstandsmöglichkeit geschaffen hatte nach diesem 20. Jahrhundert voller Krieg, Genozid und Diktatur.

Was mich an diesen Zeilen außerdem berührt: wie großherzig und warm Gertraud Lemke hier Louises große Liebe, die nicht sie betraf, in ihr Recht setzt.

(2016)

Selma Lagerlöf

»Meine wirkliche Geschichte ist eine einzige lange Variation des Wortes Wille«, erklärte Selma Lagerlöf als 35-Jährige in einem Brief an Sophie Elkan, in die sie frisch verliebt war.

Mit dieser Äußerung scheint sich Lagerlöf nicht nur wappnen zu wollen für eine mögliche Zurückweisung durch die fünf Jahre ältere, wohlhabende Schriftstellerin, die tatsächlich kurz darauf den Rahmen ihrer Liebe mit einem klaren »hands off!« absteckte.

Selma Lagerlöf scheint uns, die Leserinnen dieser Briefe, daran zu erinnern, woher wir kommen: Noch 1893, als Lagerlöf den Brief schrieb, war der Wille oft das Einzige, was eine Frau besaß. Der Besitz von Eigentum oder der Zugang zum öffentlichen Leben waren ihr versagt; bis weit ins 20. Jahrhundert hinein gehörten Frauen ihren Ehemännern, sogar in Westdeutschland mussten sie noch bis in die 1970er Jahre ihre Ehemänner um Erlaubnis bitten, wenn sie einen Beruf ausüben wollten.

Selma Lagerlöf scheint außerdem nahezulegen, dass

auch die Macht darüber, uns in einer Geschichte zu verorten, eine Sache des Willens ist und nicht abhängt von der Toleranz oder der Güte anderer. »Es ist so, als hätte ich meine Begabung selber geschaffen, indem ich sie mir herbeiwünschte.«

An einem Tag im August 1998 schaute ich mir das an, was sich Selma Lagerlöf mit Hilfe ihrer Begabung geschaffen hatte. Das Gut der »Dichterfürstin Schwedens« befindet sich in Värmland, keine zehn Kilometer von dem Haus entfernt, das ich damals gerade stolz erstanden hatte. Mårbacka heißt der Ort, in dem ihre hell verputzte, herrschaftliche Villa, erbaut vom Architekten Isak Gustaf Clason, die wenigen anderen Häuser an Schönheit und Größe weit übertrifft.

Der Garten leuchtete an diesem Tag. Er strahlte die Lässigkeit nordischen Gärtnerns aus; akurat gemähter Rasen, ein paar verwitterte Bänke, umstanden von wild wuchernden Blumen, Kräutern, Birn- und Apfelbäumen, darunter Säcke voll *Mårbackas havrekraft*, dieses damals eigens auf dem Gut produzierten Hafermehls.

Als Selma Lagerlöf 1858 auf Mårbacka geboren wurde, lag der nächste Bahnhof 40 Kilometer entfernt, war Värmland verarmtes Bauernland inmitten riesiger Fichtenwälder, und auf dem Gut stand ein einfaches Holzhaus. Die Villa ließ die Schriftstellerin erst im Alter von über 60 Jahren erbauen. Da hatte sie bereits den Nobelpreis erhalten und mit dem Preisgeld das Gut zurückgekauft, das ihr Vater, vom Alkoholismus in den Ruin getrieben, in ihrer Jugend verhökert hatte. Da hatte sie ihre großen Werke »Gösta Berling«, »Jerusalem« und »Nils Holgerssons wunderbare Reise durch Schweden« schon geschrieben, zwei wichtige Werke – »Die Löwenskölds« und ihre Autobiographie – noch vor sich und machte das, was ihr am besten gefiel, »abwechselnd Schreiben und Landwirtschaft«.

Man sagt, die Beschaffenheit der Landschaft habe Einfluss auf das Wesen der Menschen. Sprache und Denken werden zu einem nicht geringen Teil aus der Landschaft geschmirgelt. Menschen am Meer würden anders denken als Menschen im Gebirge, weil die natürlichen Widerstände andere seien. Die konkrete Erfahrung der Landschaft moduliere den Charakter. Ich erinnere mich, darüber nachgedacht zu haben, als ich Mårbacka besuchte. Der Fryken, ein lang gestreckter großer See, beherrscht das hügelige Land. An den Hängen zwischen Heidelbeersträuchern, Farnen und Vogelbeerbäumen liegen bronzezeitliche Gräber, die Steine sind bemoost. Wenn der See im Winter zufriert, schieben sich Eisschollen am felsigen Ufer senkrecht in die Höhe, und im Sommer hängt leuchtend Tau in symmetrisch gewebten Spinnennetzen in den Büschen. Wie würde, fragte ich mich, der Charakter der Schriftstellerin beschaffen sein, die aus dieser Landschaft kam?

Von Lagerlöfs Büchern hatte ich damals noch keines gelesen. Und dann waren es nicht die Wiesen und Äcker, nicht Felsen, Obstgarten oder Wald und ebenso wenig der Himmel über dem Fluss Emtan, die mir diese Frau an jenem Tag schlagartig vor Augen führten. Es war ein Satz. Es war einer dieser Sätze, die hängenbleiben. Vielleicht fiel er während der Führung durch die großzügigen Wohnräume, die mit Kupfertöpfen bestückte Küche, die beeindruckende Bibliothek und das mit Sophie Elkans Möbeln eingerichtete Eckzimmer: »Ich wusste und war bereit, es allen zu sagen, die es hören wollten, dass ich besser schreiben konnte als die meisten unserer Romanautoren – (...).«

Diesen Satz äußerte Selma Lagerlöf 1892, zu einer Zeit, in der niemand hören wollte, was eine Frau zu sagen hatte. In der niemand wollte, dass sie schrieb, schon gar nicht besser als ein Mann. Zu einer Zeit, in der Frauen, die schrieben, von Literaturkritikern verlacht wurden als *famagudinnor* oder *sagotanter* – Göttinnen der Gerüchteküche oder Märchentanten. Zu einer Zeit, in der Virginia Woolf, die das zu ihren großen Themen machen würde, gerade zehn Jahre alt war.

Es war ein widerständiger Charakter, den die värmländische Landschaft da zurechtgeschmirgelt hatte. Sie war pragmatisch, eigensinnig, besitzergreifend und stur. »Ich finde es unzulässig, zu schreiben, man wolle ins Wasser gehen«, antwortete sie 1906 kurz und bündig auf einen Brief Valborg Olanders, ihrer anderen großen Liebe, die es gewagt hatte, Verzweiflung darüber zu äußern, dass sie sich Selmas Herz mit Sophie Elkan teilen musste, mit der die Schriftstellerin gerade in den Göteborger Schären weilte. »Wer sich einer anderen versprochen hat, sie braucht und das zukünftige Wohlbefinden auf sie setzt, darf nicht auf diese Weise über sein eigenes Schicksal verfügen.«

Inwieweit ein Mensch die Macht hat, über das eigene Schicksal zu verfügen, war etwas, das Selma Lagerlöf beschäftigte. Ihr Schicksal sah sie im Schreiben. Und war schon früh mit unumstößlicher Sicherheit überzeugt, dass sie schreiben konnte. »Irgendwann einmal würde die Familie eine echte Begabung hervorbringen«, schrieb sie an Sophie. »Ich möchte annehmen, dass ich das bin, denn es ist nötig, dass man an sich selbst glaubt. Denk dir, dass ich das von mir geglaubt habe, seit ich acht Jahre alt war.«

Ein Teil ihres Werkes drückt aus, was diese Frau an immenser Widerständigkeit besaß. Ihre ungezügelten, komplexen Epen, zugleich archaisch und modern, stellten die gesellschaftlichen Geläufigkeiten auf den Kopf. Der Roman, mit dem sie debütierte, passte in keine der Kategorien, die der literarische Markt jener Zeit vorsah; er war weder realistisch noch Avantgarde. Und wegen der überbordenden Phantasie, der Abenteuer, der mystischen Überhöhungen und gewaltigen Satzmassive war er nicht einfach unter der Kategorie Damenroman zu verbuchen.

Nach Erscheinen von »Gösta Berling« riet ihr ein Kritiker, sie solle die Kunst des Konzentrierens lernen, um ihre Phantasie zu bändigen. Ein anderer befand, sie schreibe so unnatürlich, dass er davon Kopfschmerzen bekomme. Man unterstellte ihr, selbst nicht zu verstehen, was sie schreibe. Nervöses Leiden wurde ihr attestiert und krankhafter Wahn, ihr Stil als affektiert und kindisch abgetan, ihre Charaktere als unlogisch und nebulös.

Sie sagte allen diesen Kritikern, dass ihr Roman sich von jedem anderen Roman unterscheide. Dass man ihren Roman deshalb nicht wie irgendeinen anderen Roman beurteilen könne. Und entwarf mehr solcher unlogischen und nebulösen Charaktere wie Gösta Berling, der entlassene Pfarrer, der zum Spielball anderer wird. Sie schrieb weiterhin über zerbrechende Ehen, zähe Frauen, unfähige Männer, über zerrissene, widersprüchliche Figuren, die uns nicht bei Tageslicht und nüchtern gegenübertreten, sondern wie rasende Schatten, gejagt von Flammen, die angefacht werden vom allgegenwärtigen Tod. »Je wilder, umso besser«, hielt sie Georg Brandes, einem damals mächtigen dänischen Kritiker entgegen, der von ihr verlangte, sie solle beim nächsten Mal ihr fiktives Personal einschränken und sich auf Mann, Frau und Kind konzentrieren, weil sich ihr fiktives Personal nicht so verhielt, wie sich Mann, Frau und Kind nach Meinung dieser Kritiker zu verhalten hatten.

»Gösta Berling« las ich am Ufer des Fryken, der die värmländischen Felsen auf einer Länge von 80 Kilometern durchschneidet. Über diesen See jagt der Held des Romans eines Winters im Pferdeschlitten in Dostojewskij'schem Wahn. Ich hatte schon oft an diesem See gesessen. Jetzt *sah* ich ihn. Värmland mochte diese Autorin hervorgebracht haben. Aber es war die

Autorin, die dieser Landschaft ihren Charakter gab. Sie modulierte diese Landschaft wie niemand zuvor und niemand danach.

Es wäre falsch zu behaupten, sie hätte sich vom Einfluss ihrer Zeitgenossen, ihrer Häme, ihrer Kritik, ihren Demütigungen, von Lob und Bewunderung befreien können. Mit 70 bekannte sie, dass der Gegenwind nach ihrem Debüt ihr die Flügel gestutzt habe. Bewunderung genoss sie und litt gleichzeitig unter den ständigen Ansprüchen, den Besuchen und der Bittstellerei ihrer vielen Bewunderer. Auch bei Erscheinen des dritten und vierten Buches reiste sie mit Sophie Elkan, ihrer geliebten »Reisegefährtin«, ins Ausland, um eine Distanz zwischen sich und die Wucht der Rezensionen zu bringen. Sie kannte die Symbolkraft, die von ihr als erstem weiblichen Mitglied der Schwedischen Akademie ausging. Die Petition fürs Frauenwahlrecht unterschrieb sie nicht nur, sondern formulierte sie 1905 gleich selbst, weil sie ihre Signatur nicht unter schlecht geschriebene Texte setzen wollte.

»Der Wunsch meiner Jugend, dieselbe Machtstellung wie der Mann zu erlangen, ist aufs Neue in mir erwacht.« Die Rolle der Nationaldichterin füllte sie geduldig aus; auch aus finanziellen Gründen. Von ihrer Großzügigkeit hing eine Vielzahl von Menschen ab. Sie unterstützte beinahe ihre gesamte Familie und förderte viele Frauen, weil sie nie vergaß, dass engagierte Frauen sie gefördert hatten. Da gab es beispielsweise Eva Fryxell, die in Stockholm einen Lesesalon unterhielt. Oder Sophie Adlersparre, eine einflussreiche Feministin, die eine eigene Literaturzeitschrift herausgab und der jungen Dichterin, als sie ihr Talent erkannte, finanzielle Unterstützung durch Fredrika Limnell vermittelte, eine gut situierte Philanthropin und Frauenrechtlerin, die in den Sommermonaten in ihrem Haus am Mälaren Kunstsalons veranstaltete. Ohne Limnells Hilfe wäre »Gösta Berling« kaum fertig geworden. Auf Mårbacka beschäftigte Lagerlöf über 70 Angestellte, zu viele, um mit Milch und Mehl Gewinn zu machen. Aber sie brachte es nicht übers Herz, jemandem zu kündigen.

Ihre unerschütterliche Widerständigkeit hat sie Zeit ihres Lebens nicht verloren, diese sture Besessenheit, die es ihr ermöglichte, ganz ihrer inneren Eingebung zu folgen.

»Wie viele erfolgreiche Guerillas im Krieg der Geschlechter«, stellte Joan Didion über eine andere große Eigensinnige, über die 30 Jahre jüngere Georgia O'Keeffe fest, »scheint auch sie schon früh ein untrügliches Gespür dafür gehabt zu haben, wer sie war, und die Gewissheit, dass sie es würde beweisen müssen.« Das ließe sich so auch über Selma Lagerlöf sagen.

Oberflächlich betrachtet, wuchs Selma als Bauernkind auf. Sie spielte im Stall und kletterte auf Bäume, sie war für das Zerschlagen der Zuckerhüte und das Auffüllen der Petroleumlampen zuständig, und abends hörte sie mit ihren Geschwistern die Spukgeschichten ihrer Tante Nana, Märchen von Hans Christian

Andersen und Gedichte der trunksüchtigen Dichterberühmtheit Carl Michael Bellman, die ihr Vater vorlas. Mit neun las sie die gesamte Bibel im Glauben, ihren Vater so vom Alkoholismus heilen zu können. Sie wollte schön sein wie ihre große Schwester Anna, hinkte aber, weil die linke Hüftgelenkpfanne mangelhaft ausgebildet war. Als ihr ein »Indianerroman« in die Hände fiel, war sie von den »Schurken« so begeistert, dass sie beschloss, Dichterin zu werden. Sie hatte keine Ahnung, wie. Ihr war noch nie eine Dichterin begegnet. Ihr Vater konnte nicht einmal mehr den Hausunterricht bezahlen. Also las sie Shakespeare. Mit 20 erfand sie Puppenspiele und führte sie mit ihrer jüngeren Schwester Gerda im Salon auf.

Ans Stockholmer Lehrerinnenseminar ging sie gegen den Willen ihres Vaters. Sie finanzierte sich die Ausbildung mit einem Kredit, den ihr Bruder Johan ihr besorgte. Stoisch ertrug sie, dass man sie verlachte wegen des värmländischen Dialekts. Stoisch trug sie als Einzige kurzes Haar, das sie auf ihrer ersten Auslandsreise wieder wachsen ließ, »weil es im Ausland unmöglich war, kurze Haare zu haben«. Als sie 23 war, schwankte unter ihr die Erde. Ihr war eingefallen, wovon ihr erstes Buch handeln würde. »Sie musste eine ganze Weile stehen bleiben, bis die Straße wieder zur Ruhe gekommen war, und sie sah erstaunt auf die Vorbeigehenden, die ganz ruhig gingen und nicht merkten, was für ein Wunder geschehen war«, notierte sie.

Menschen, die nichts merken. Vielleicht ließ das Erstaunen darüber irgendwann nach. Vielleicht wurde es ihr auch egal. In der Zeitung las sie über sich, dass sie eine Frau sei, der es an Erfahrung mit der Liebe mangele. »Die ganze Zeit fühlt man, dass die Autorin eine unverheiratete Dame ist, für die ein großer Bereich des Lebens (…) ein Buch mit sieben Siegeln ist«, urteilte Georg Brandes. »Die Erotik nimmt einen gewaltigen Raum in ihrer ›Saga‹ ein. Aber (…) die Küsse sind ohne Glut (…) und die Umarmungen kalt wie der Schnee der Nacht.«

Die Unterstellung, keine Ahnung von der Liebe zu haben, weil sie keinen Mann liebte, weil sie Männer nicht anziehend fand, wird ihr nicht egal gewesen sein. Aber sie hatte Brandes eine wichtige Erfahrung voraus. Sie wusste, dass »man jeden beliebigen Menschen lieben kann«, und liebte eine Frau. Und sie wusste, dass sie ebenso leidenschaftlich, wie sie eine Frau liebte, auch zwei Frauen lieben konnte.

Sophie Elkan lernte sie 1894 kennen. Da unterrichtete sie noch an einer Mädchenschule in der südschwedischen Provinz, wohnte mit ihrer mittellosen Mutter und Tante zur Untermiete bei einem Zollbeamten und schrieb nachts. Acht Jahre später war sie eine international bekannte Autorin und verliebte sich in Valborg Olander. Mit Sophie bereiste sie Europa und die arabische Welt. Valborg war die »Schriftstellergattin«, bei der das Motto »hands off!« nicht galt. Sie setzte sich wie Selma für das Frauenwahlrecht ein, half ihr mit der umfangreichen Korrespondenz, kümmerte sich um die Finanzen, lektorierte und schrieb die Manuskripte ins Reine und erwiderte Selmas körperliches Begehren. Beiden Frauen blieb Selma lebenslang treu.

»Ich träumte immer, ich sei ein Mann und würde schöne Frauen wie Fäulein Tyselius lieben, die meine erste Liebe war«, bekannte Selma gegenüber Sophie, und an Valborg schrieb sie selbstbewusst: »Lass dir gesagt sein, dass meine Träume in Erfüllung zu gehen pflegen.« Sie war gewillt, auf ihre Weise glücklich zu sein, und weder Eifersucht noch Zeitgeist oder die Meinungen der Außenwelt darüber, wie man glücklich zu sein hatte und wie nicht, brachten sie von diesem Willen ab.

1998, als ich Mårbacka zum ersten Mal besuchte, veröffentlichte ein dänischer Journalist ein Buch, in dem er argumentierte, dass Lagerlöf die Liebe versagt geblieben sei. Sie habe sie in ihren Werken durch den Tod sublimiert. Die Ansicht dieses Journalisten ist so herablassend und dämlich, wie die von Brandes ein Jahrhundert zuvor. Der Journalist aber hätte es besser wissen müssen. 1998 waren die 2051 erhaltenen Briefe an Sophie Elkan und die 1364 Briefe an Valborg Olander bereits zugänglich.

»Wer von niemandem geliebt wird«, schrieb Selma Lagerlöf an Sophie, »muss sterben.«

Sie aber lebte bis ins hohe Alter von 82 Jahren.

(2017)

Das Ausstellen der Wunde

Dieses Buch setzt ein eigenartiges Gefühl frei.

Eine Erschöpfung.

Leere.

Das liegt nicht am Schmerz, nicht an dem großen Verlustschmerz, den das erzählende Ich in Anne Garrétas Roman »Sphinx« empfindet. Der Schmerz ist es, der überhaupt zum Erzählen führt. Denn wie alle Liebesgeschichten ist auch diese erst vom Ende her erzählbar. Wenn die Liebe vorbei ist, wird sie sprachlich fassbar. Gerinnt das Gefühl zur Geschichte, läuft diese meistens nach einer vorhersehbaren Dramaturgie ab.

So ist es auch hier. Die Ich-Figur vergegenwärtigt sich ihre einstige Liebe zu einer Person namens A***. Wegen A*** brach sie ihr Theologiestudium ab und stürzte sich Hals über Kopf in fiebrigem Verlangen in die Nachtclubs des linken Seineufers. Ein heißer Tanz aus Annähern und Sich-Entziehen begann, der auf Verschmelzung zulief – der Körper, der Seelen –, bis der Rausch in ein alltägliches Miteinander hinein ausklang, das in Überdruss mündete, zu Trennung führte und schließlich zum Tod.

Anne Garrétas Debüt ist so von Schmerz durchwoben, dass er ausgestellt erscheint, inszeniert; ein lustvolles Präsentieren der Wunde. Die Wunde wurde von A*** gerissen, diesem Nachtwesen, dem die Begierden und Sehnsüchte des namenlosen Ich bis zu dessen Tod gelten. Danach löst sich das erzählende Ich ins Dunkel hinein auf. Am Ende der sprachlichen Vergegenwärtigung der etwa zehn Jahre zurückliegenden Liäson bleibt nurmehr der radikalste aller Abschiede: das Verstummen.

Aber wie viele Romane gibt es – und der moderne Roman kam überhaupt erst als Liebesgeschichte in die Welt –, in denen das Ich am Ende verstummt, verschwindet, versiegt! Das also kann nicht der Grund für die Erschöpfung sein, die sich nach Beenden des Buches bei mir einstellte. Dieser Roman hier ist anders. Seine Dramaturgie mag vorhersehbar sein; der Inhalt ist es nicht. Die beim Lesen entstehende Leere ist produktiv. Statt sich zufrieden und ein bisschen enttäuscht zurückzulehnen, wie nach den meisten Büchern, fängt man nach dieser Lektüre an zu denken.

»Sphinx« ist ein großes Experiment, das Garréta 1984 wagte, als die sozialen Rollen von Mann und Frau zur Diskussion standen und um ein gleichberechtigtes Geschlechterverhältnis gerungen wurde; am Konzept der Geschlechterbinarität rüttelte man jedoch nicht.

»Sphinx« sticht hervor, weil Garréta das Unmögliche versucht: eine Liebesgeschichte ohne Geschlecht zu erzählen. Laut den Vordenkern der Romantik, auf der auch unser heutiges verwässertes Verständnis von Verliebtheit und Liebe noch gründet, ist Liebe immer die Geschichte einer gegengeschlechtlichen Anziehung. In einem der theoretischen Texte, geschrieben von Friedrich Wilhelm Basilius von Ramdohr mit dem Titel »Venus Urania« heißt es: »(...) man kann wohl sagen, daß die Leidenschaft der Liebe zum andern Geschlecht nichts sey, als das fingierte Streben, uns in den Gegenstand unserer Wünsche verwandelt zu sehen.« Möglich wird erotische Liebe nach romantischer Auffassung ausschließlich dann, wenn sie sich auf das andere Geschlecht richtet. Nur durch Aneignung der gegengeschlechtlichen Eigenschaften des/der Geliebten werden die eigenen Eigenschaften bewusst, sehe ich mich deutlich, finde ich zu mir selbst.

Die Beschränkung, die Garréta sich auferlegt, alles Geschlechtliche der Hauptfiguren auszusparen – inhaltlich und grammatikalisch –, verunmöglicht diese Voraussetzung. Damit wird »Sphinx« auch zu einem oulipotischen Werk. Eine Beschränkung des Sprachmaterials ist eines der wesentlichen ästhetischen Kriterien von OuLiPo, einer Gruppe von französischen Autoren, die 1960 die »Werkstatt für potenzielle Literatur« gründete mit dem Ansinnen, linguistische, mathematische und wissenschaftliche Strukturen auf ihr literarisches Potenzial hin zu erkunden. Mittlerweile ist der Kreis dieses Autorenkollektivs nicht mehr nur auf Männer und Frankreich beschränkt.

Italo Calvino oder Oskar Pastior sind ebenfalls Mitglieder (das ist man laut Satzung auch nach dem Tod). Anne Garréta wurde 2000 als erste Frau in diesem erlauchten literarischen Tempel zugelassen.

Sich formale Zwänge aufzuerlegen und sprachlich einzuschränken befeuert die Imagination und ermöglicht es, die Sprache auszudehnen, zu erweitern, Konventionen und sprachliche Gepflogenheiten zu unterlaufen. Im Gegensatz zu ihren Kollegen, wie etwa Georges Perec, dessen Roman »La Disparition« ohne den Buchstaben e von 1969 zu den bis heute berühmtesten oulipotischen Werken gehört, geht Garréta über die formal-technische Beschränkung hinaus. Sie stößt zur Wurzel unseres Selbstverständnisses vor. Ihr geht es nicht allein darum, linguistische Grenzen zu erkunden, sondern die Grenzen unserer Existenz. Versuchen Sie mal, werdende Eltern nicht zu fragen, ob es ein Junge oder ein Mädchen wird. Wie lange halten Sie das aus? Und: Wie lange halten Sie es aus, einen Text wie diesen zu lesen, ohne dabei für sich selbst eine geschlechtliche Zuordnung vorzunehmen, wie sehr diese auch schwanken mag?

Die Tatsache, dass die Clubs, in denen A*** und das Ich sich begegnen, am linken Seineufer liegen, löste bei mir den Impuls aus, beide als Frauen und lesbisch zu lesen. Die Rive Gauche hat seit den 1920er Jahren eine schillernde Geschichte. Unter den vielen *expatriates*, die dort lebten, waren viele berühmte Künstlerinnen. In Bars und Cafés rund um den legendären Buchladen Shakespeare and Company oder in

Edith Whartons oder Natalie Barneys Salons trafen sich Djuna Barnes, Mina Loy, Radclyffe Hall, Janet Flanner, Romaine Brooks oder Gertrude Stein; viele von ihnen lebten mit Frauen. Für andere ist die Tatsache, dass das erzählende Ich Theologie studiert, der Hinweis darauf, dass es sich um einen Mann handeln müsse. Und so konstruieren wir – selbst gegen unseren Willen – geschlechtliche Koordinatensysteme, um einen Menschen überhaupt als Menschen zu sehen.

Ein geschlechtsloser Mensch existiert nicht. Es gibt ihn nicht. Er ist in unserer gesellschaftlichen Wirklichkeit nicht vorgesehen und deshalb nicht vorhanden. Und so geht es in diesem Roman zwangsläufig ständig um Leben und Tod, um Anwesenheit und Abwesenheit. Daher rührt auch das enorme Sentiment dieses Buches, die beinahe schwülstig heraufbeschworene permanente Todesnähe. Überhaupt ist das Sterben ein ständiger Begleiter des erzählenden Ich, ebenso wie die ekstatische Lebenssucht.

Das Ich rettet sich ins Sprechen. Das kennt man von Becketts Figuren, die noch von einem endlosen Sprachstrom getragen werden, wenn sie schon körperlos nur noch in einer Urne existieren. Garrétas Erzähl-Ich dreht sich in einem Kreisel pausenloser Selbstbefragung. Allein das Sprechen rettet. Im Dauerverbalisieren der eigenen Gefühle und Gedanken hält sich dieses Ich am Leben; Gefühle, die A*** zum Zentrum haben, diese Person, auf die sich alle Lebenskraft richtet. Umso mehr fällt auf, dass A*** in diesem Buch gar nicht vorkommt. Der Mensch verschwindet hinter den Sternchen. A*** scheint vielmehr ein Außenposten der Selbstwahrnehmung des Ich, ein dunkel überzogener Spiegel.

Diese Spannung zwischen einer Person, die, da sich alles Begehren auf sie richtet, existieren muss, und der gleichzeitigen Unmöglichkeit ihrer Existenz hat einen starken Effekt: Während des Lesens gerät man wie in großer Höhe in einen schwindelerregenden Gedankenstrom. Nur ist es nicht die Luft, die hier zu dünn ist, sondern die eigene Wahrnehmungsfähigkeit.

Als Figur ist A*** unklar, seltsam vernebelt, der Körper fragmentiert. Einzelne Gliedmaßen werden beschrieben, Bewegungen, Ausschnitte, die wie vergrößert erscheinen, aber nie die gesamte Gestalt. Natürlich: Ein Text, der das Geschlecht der beiden Hauptfiguren bewusst ausspart, kann auch über Körper nur sehr eingeschränkt sprechen. Allein die sprachlichen Konstruktionen, die nötig sind, um jeden Hinweis zu vermeiden, zeigen, wie sehr wir davon geprägt sind, Körper geschlechtlich zu denken. Und nicht nur das: Meistens denken wir dann an das eine *oder* das andere, an männlich *oder* weiblich. Ist das nicht möglich, bleibt der gesamte Mensch unsichtbar. Das ist im Übrigen nur im menschlichen Kontext so; in Bezug auf Tiere und Pflanzen scheint unsere Wahrnehmung weniger eingeschränkt zu sein.

A *** jedoch bleibt abstrakt und das, was A*** ausmachen könnte, im Dunkeln. Wer ist diese Person?

Wie ist diese Person? Wie spricht sie, worüber spricht sie mit dem Ich? Man erfährt ein wenig zu ihrer Umgebung; die Familie in Harlem, die Mutter, einige eher platte Vorlieben für Fernsehen und Sex. Über die zwei anderen, groben Raster, die die Identitätsmaschinerie in Gang halten, wird klar, dass A*** eher jünger ist und schwarz. Alles andere aber bleibt verborgen, verdeckt, im Rätselhaften. Nicht von ungefähr arbeitet das Ich in einem Club, der »Apocryphe« heißt; versteckt.

A*** ist im Grunde jenes Dunkel, in das hinein sich die Erzählstimme am Ende verliert. A*** befand sich dort schon die ganze Zeit. A*** markiert die Unsichtbarkeiten, die eine Gesellschaft mit Hilfe von Ein- und Ausschlussmechanismen generiert, die unsere Wahrnehmung lenken. Ein Individuum tritt erst in dem Augenblick ins Licht, wenn es als männlich oder weiblich gekennzeichnet ist. Das fängt bereits vor der Geburt im Mutterleib an.

Indem Garréta alles Geschlechtliche der Hauptfiguren durch Aussparung gewissermaßen verdeckt, macht sie die Wirkung solcher Mechanismen sichtbar. Vergleichbar dem Make-up, das die Züge eines Gesichts überhaupt erst verdeutliche, wie es im Roman heißt, werden die Gesichtszüge einer Gesellschaft hervorgehoben: »Ich mochte es, wie ein Gesicht durch einen Kajalstrich und das Bestäuben mit dem Pinsel seine eigentliche Struktur enthüllte.«

Und so verweist der Verlustschmerz, den die Ich-Figur verspürt, auf etwas Grundsätzliches. Das überdeutliche, barocke Ausstellen der Liebeswunde hebt – wie unter besonderer Beleuchtung – einen anderen, unausweichlichen, existenziellen Schmerz hervor; den Schmerz gesellschaftlicher Zurichtungen.

Anne Garrétas Roman »Sphinx« ist nicht nur ein komplexes literarisches Wagnis. Er ist auch eine politische Intervention. Denn er zeigt, unter welchen Voraussetzungen einem menschlichen Lebewesen die Privilegien der Demokratie zugänglich sind, ja unter welchen Voraussetzungen es überhaupt erst menschliche Rechte einzufordern imstande ist.

(2016)

Vom Überschwärmen der Grenzen

Schon als Studentin war ich von einem Theaterstück fasziniert, das mich mit jedem Lesen wieder neu fesselte und überwältigt zurückließ, ohne dass ich es gänzlich hätte entschlüsseln können: »Penthesilea« von Heinrich von Kleist. Kein anderes Stück war so beunruhigend, so rätselhaft, so unheimlich. Abgesehen von der geheimnisvollen Figur der Robin in Djuna Barnes' Roman »Nachtgewächs« kannte ich auch keine Frauengestalt in der Literatur, die so kriegerisch entfesselt auftrat wie Penthesilea und am Ende die Grausamkeit selbst verkörperte; Robin in Gestalt eines riesigen schwarzen Hundes, Penthesilea in Gestalt einer rasenden Hyäne. Keine der Interpretationen, die ich zu Kleists Stück las, war befriedigend. Zu oft krankten sie, wie mir schien, daran, dass wichtige Elemente des Textes verkannt oder verkompliziert oder einfach übergangen wurden. Der Schatz dieses Stückes war in meinen Augen nicht gehoben.

Vor kurzem hatte ich die Gelegenheit, es erneut zur Hand zu nehmen. Die Salzburger Festspiele wagten sich an eine Inszenierung dieses selten gespielten

Stückes und erbaten einen Begleittext von mir. Einen Sommer lang vertiefte ich mich mit detektivischer Neugier in Kleists Trauerspiel über die sagenhafte Amazonenkönigin.

Gleich zu Anfang sprang mir etwas ins Auge: Die griechischen Helden, mit denen das Stück beginnt, sind zunächst vollkommen verwirrt. Mitten in ihrem Krieg gegen die Trojaner werden sie völlig unerwartet von Kämpferinnen überrannt, die in ihrem aktuellen Krieg nichts zu suchen haben. Die gar nichts mit diesem Krieg zu tun haben. Eine »Hyäne, die blindwütende« sehen sie heranstürmen. Aber wen, fragen sie sich, sehen sie denn da? Wer ist diese Person, die mit ihren Leuten heranstürmt »wie Wetterstrahl«, »wie Wassersturz«? Bei den Griechen, die wie Fußballkommentatoren am Spielfeldrand den ersten Zweikampf zwischen Penthesilea und Achill uns Zuschauer*innen live übertragen, scheint Unklarheit über Penthesilea und ihr Anliegen zu herrschen. »Niemand kann, was sie uns will, ergründen?« Große Verwirrung unter den heldischen Griechen. Ratlosigkeit. Auch zu Penthesileas Äußerem sind ihnen kaum verlässliche Informationen zu entlocken, abgesehen vom lockigen Haar und der Kleidung aus Löwen- und Schlangenhaut. Ist diese Frau verkleidet? Ist sie überhaupt eine Frau? Ist sie weiblich? Ist sie eine weiße Frau? Oder eine schwarze? Eine Butch? Königin in Drag?

Statt sachdienlicher Hinweise nur Phantasien und Gefühliges. Die Liveübertragung fixiert die Kriegerinnen aus den »scyth'schen Wäldern« in Stereotypen: Die Griechen versehen Penthesilea und ihr Amazonenheer mit Attributen des Wilden, Irrationalen, Naturhaften; Attribute, die seit jeher dem Abweichenden, dem der eigenen Kultur Fremden zugeschrieben werden. Ohne genauer hinzuschauen (oder ist es der Entfernung geschuldet?), stilisieren die Griechen die Kriegerinnen als ungebändigte Naturwesen, häufen Wasser- und Tiermetaphern zu ihrer Beschreibung auf, von der Dogge bis zur Hyäne, und entwerfen in ihren Kommentaren idealisierte weibliche Körper. Körper mit möglichst kleinen Händen und Füßen und »rosenblütnen Wangen«. So viel imaginierte Weiblichkeit verstellt die Sicht! Klar, dass Odysseus da ratlos der Unterkiefer runterklappt: »Bevor wir wissen, *was* sie von uns wollen, noch überhaupt nur, *ob* sie uns was wollen?«, hat man Wichtigeres zu tun, als sich »mit diesen Jungfraun hier (...) einzulassen«: Krieg führen ist schließlich ein ernstes Geschäft. Und ein männliches.

Dass die Amazonen das auch tun, dass sie nicht mit irgendeinem »rosenblütnen« Spiel befasst sind, sondern einen Krieg führen, um die Schönsten der Soldaten zu kidnappen und mit nach Hause zum Rosenfest zu nehmen, scheint den Griechen zunächst zu entgehen. Dabei ähneln sich die Gründe für den Krieg. Geht es bei den Griechen um Frauenraub

(Helena soll geraubt werden), geht es bei den Amazonen um Männerraub (Achill und andere Samenspender sollen geraubt werden). Penthesileas Art der Kriegsführung ist der Partisanenkampf. Das aber ist kein Grund, das Kriegsgeheul misszuverstehen; der Partisanenkampf dürfte auch den Griechen vertraut sein. Odysseus selbst ersinnt die Strategie, Penthesilea an der Dardanerburg in einen Hinterhalt zu locken. Und die Kriegserklärung Penthesileas ist sogar für eine so unkriegerisch eingestellte Schriftstellerin wie mich unmissverständlich. Sie wird »aus Köchern (...) die Antwort übersenden«. Dennoch begreift das »keiner in dem ganzen Griechenlager«? Seltsam.

Den Menschen vor lauter Weiblichkeitsstereotypen nicht zu sehen, ist das eine. Aber dass die Griechen ein Handeln für irrational halten, das dem eigenen spiegelbildlich entspricht (sogar die Herrschaftssysteme von Griechen und Amazonen ähneln sich), ist selbst so irrational, dass die Gründe tiefer liegen müssen. Aufschluss gibt vielleicht eine Bemerkung Odysseus': »Soviel ich weiß, gibt es in der Natur Kraft bloß und ihren Widerstand, nichts Drittes.« In der Natur des Odysseus existiert nichts jenseits des Entweder-Oder. Kraft und Gegenkraft. Der Schauplatz der Kommentatoren ist ein Terrain, auf dem das eine nur existiert, weil es das andere ausschließt, Mannschaft und Gegner, was auch zwei, einander ausschließende Geschlechterpositionen erzwingt: Der Mensch kann nur entweder Mann oder Frau sein, nie beides zugleich (aber auch nicht nichts dergleichen).

Und da taucht auf diesem Terrain plötzlich ein Wesen auf, bei dem es sich biologisch zwar um eine Frau handeln mag, die aber mit ihrer einen Brust, der Löwenhaut und ihrem kriegerischen Aufzug und Gebahren die Ordnung von Mannschaft und Gegner ordentlich durcheinanderbringt. Wohin gehört sie in diesem binären Koordinatensystem? Kleist entschied interessanterweise, die Amazonen nicht der geläufigeren antiken Überlieferung gemäß mit zwei Brüsten zu bestücken, sondern, der Ethymologie des Wortes »a-mazos« = brustlos folgend, mit nur einer.

Penthesilea ist offenbar nicht Frau genug, noch ausreichend Mann, um ihrem Erscheinen jene traumatisierende Verwirrung zu nehmen, die beim Überschwärmen fixer, kategorischer Grenzen entsteht. Achill erklärt es später so: »Was er im Weltkreis noch, solang er lebt, mit seinem blauen Auge nicht gesehn, das kann er in Gedanken auch nicht fassen.« Ebenso gilt: Was gedanklich nicht zu fassen ist, lässt sich schwerlich sehen.

Achill muss allerdings gar nicht erst lange hingucken; schon ist er entzündet. »Was *mir* die Göttliche begehrt, das weiß ich«. Der erste Zweikampf wirft ihn so aus der Spur, dass er der Sprache kaum noch mächtig ist. Kurzerhand kündigt er jedes angemessene Verhalten auf. Der ganze wichtige Krieg der Griechen wird ihm egal: »Wenn die Dardanerburg (…) versänke (…) so dass ein See (…) an ihre Stelle träte (…) So wär's für mich gerad soviel, als jetzt.«

Was aber wirft Achill so aus der Spur? Was erregt ihn so? Und: Wen sieht er da eigentlich vor sich? Eine gefährliche Frau? Eine verstümmelte Frau? Eine verkleidete Frau? Eine Frau? Penthesilea trägt Löwen- und Schlangenhaut am Leib. Löwe und Schlange; männlich und weiblich konnotierte Häute überziehen ihren Körper. Interessanterweise ist von »Haut« die Rede, nicht von »Leder«, was die gebräuchlichere Formulierung für Kleidungsstücke wäre. Ihre Brust ist männlich und weiblich zugleich. Penthesilea besitzt körperliche Kraft, kriegerische Intelligenz und Schönheit. Ihr Körper scheint also für beide Geschlechter offen zu sein. Er ist ein Körper im Übergang, ein Transkörper.

Ihren Gefühlen tut das keinen Abbruch. Als Achill in einem Anfall der Verklärung meint, die lieblichen (weiblichen) Gefühle lagerten in den Brüsten, und um ihren Verlust fürchtet, weil Penthesilea nur eine Brust hat, klärt sie cool die Lage: »Sei ganz ruhig«; der linke Busen sei noch da, und darunter schlage das Herz, bekanntlich der Sitz der Gefühle. An Herzen hat auch er nur eines. Um ihre Gefühle muss er sich also keine Sorgen machen. Sie sind ebenso heiß wie seine und nicht weniger echt.

Nun war eine Leidenschaft, die soziale und moralische Grenzen sprengt und zur Selbstzerstörung führen kann, schon zu Kleists Zeiten nichts Neues mehr. Achills Leidenschaft wird allerdings, und das ist neu, von einer Person mit deviantem Körper ausgelöst. Achill begehrt einen Menschen, der nicht nur von der üblichen Geschlechter*rolle*, sondern vom Entweder-Oder des Odysseus abweicht. Die Abweichung betrifft mehr als die Rolle, sie betrifft auch Psyche und Körper.

Penthesileas kriegerischer Aufzug ist keine Maskerade. Sie ist nicht losgeritten, um dem erjagten Lover dann ihr wahres Ich zu offenbaren; die Ehefrau, die ihm nach Hause folgt (Achills fatales Missverständnis). Ihrer biologischen Weiblichkeit ist Männlichkeit vielmehr auf den Leib geschrieben. Sie verkörpert diese Männlichkeit. Ihr Körper ist durch Kampf und den Erfordernissen des Kampfes entsprechend geformt. Und zugleich belebt sie mit ihrem Körper diverse männliche Rollen, die auch ihre königliche Identität formen.

So ähnlich funktioniert das übrigens auch bei Achill: Die Körper der Helden sind im und für den Kampf geformt, sie beleben männliche Rollen, die Teil ihrer Identität als Stütze des Staates werden. Beide Staaten, der Griechen- wie der Amazonenstaat, funktionieren interessanterweise ähnlich. Auch der Amazonenstaat gründet auf Gewalt. Sein Gesetz wird wie in jedem patrilinear angelegten Gemeinwesen vom geistigen

Vater installiert und symbolisiert, hier vom Kriegsgott Ares, Penthesileas Vater. Folgerichtig sind die Priesterinnen, Ares' Handlanger, auch so darum bemüht, Penthesilea in eine Weiblichkeit gekleidet zu sehen, die sich keinen Deut von der Vorstellung der Griechen von Weiblichkeit unterscheidet: »So sittsam!« »So reizend, wenn sie tanzte, wenn sie sang (...) Und flötete.«

Die Herrschaft der Amazonen wird zwar matriarchal von der Mutter an die Tochter übertragen. Da sie aber beide in der Dienstbarkeit eines männlichen Gottes stehen, ist das Herrschaftssystem wie bei den Griechen organisiert, nur mit vertauschten Rollen (im Amazonenstaat haben die Männer in ihrer Reduktion auf die Fortpflanzung die Rolle der griechischen Frauen). »Ist's meine Schuld, daß ich im Feld der Schlacht / Um sein Gefühl mich kämpfend muß bewerben?«, klagt Penthesilea. Das könnte, nach einem Tausch der Pronomen, so auch ein Grieche sagen, der sich um die Gunst einer Frau bewerben muss; nicht aus eigener Schuld, sondern weil es Usus ist, Teil des patriarchalen Gesetzes, dessen Macht das Soziale, Kulturelle und Politische durchdringt. Penthesileas Männlichkeit am biologisch weiblichen Körper leitet sich vom gleichen System ab. Ihre Männlichkeit ist ebenso ernst gemeint und gemacht wie die der Griechen. Nur erscheint die Beziehung zwischen Macht und Männlichkeit bei den Griechen »natürlich«, weil sie als biologische Männer diese Macht verkörpern.

Vielleicht ahnte Kleist bereits, dass dieses Natürliche ein Effekt ist. Judith Butler zufolge ist es der Effekt einer pausenlosen Stilisierung des Körpers durch Akte und Gesten, die innerhalb eines streng regulierenden Rahmens wiederholt werden, bis sie erstarren und den Schein des Natürlichen hervorrufen. Kleist kämpfte mit dieser Ahnung. Das ist aus den »Briefen an seine Schwester Ulrike« zu entnehmen. Dieser geliebten Halbschwester, die in Männerkleidern auf Reisen ging, die Ehe ablehnte und sich, lebte sie heute, vielleicht als »Butch« bezeichnen würde, riet er in seinem Neujahrswunsch von 1800: »Amphibion Du, das in zwei Elementen stets lebet; / Schwanke nicht länger und wähle Dir endlich ein sichres Geschlecht. / Schwimmen und fliegen geht nicht zugleich, drum verlasse das Wasser.« (Denkbar waren solche »amphibischen« Wesen schon lange, die Fabelwelt war von ihnen bevölkert.) Obwohl er das in seinen Augen unsichere Geschlecht Ulrikes nicht befürwortet, geht er doch interessanterweise davon aus, dass sie eine Wahl hat, sich also für das eine oder andere entscheiden kann. Kleists starkes Gefühl, »nicht unter die Menschen« zu passen, mag mit der Sehnsucht nach einer eigenen geschlechtlichen Offenheit zu tun haben, die damals in keine Sprache fand, also »mit dem blauen Auge« nicht »zu fassen« war. (Einige Jahre später schrieb Kleist, er fände sich von all seinen Figuren am stärksten in der Penthesilea wieder.)

Die Kriegerkörper von Achill und Penthesilea legte er spiegelbildlich an. Nicht nur haben beide die gleichen kriegerischen Fähigkeiten, dasselbe lockige Haar. Kleist beschreibt auch ihrer beider Körper als unversehrbar. Aber während Achill unverwundbar ist, ist Penthesilea unverwüstlich. Das ist ein entscheidender Unterschied. Denn das eine beschreibt die Beschaffenheit eines Körpers, das andere einen geistigen Zustand. Wer unverwüstlich ist, lässt sich nicht unterkriegen, steht wieder auf und wehrt sich. Das impliziert einen Willen, eine psychologische und körperliche Leistung. Penthesilea muss um ihren Kriegerkörper ringen, er ist nicht selbstverständlich, sondern angreifbar. Ihre Männlichkeit ist fragil. Sie muss immer wieder neu hergestellt, produziert, »geleistet« werden.

Unverwundbarkeit hingegen kommt einem von außen zu. Dafür muss man nichts tun. Sie geht Handlung und Willen voraus. Achills Männlichkeit wird als stabil beschrieben, weil sie ihm als biologischem Mann im wahrsten Wortsinn in den Schoß gelegt erscheint. Indem nun Kleist aber beide Männlichkeiten gleich herleitet und spiegelbildlich anlegt, zeigt er nicht nur, dass es Maskulinität an unterschiedlichen Körpern gibt, sie also nicht auf den einen, biologisch männlichen Körper beschränkt ist, sondern auch, dass diese Männlichkeit immer etwas »Hergestelltes« ist, etwas Fabriziertes; ins Unendliche verlängerte Spiegelung.

Das ist es, was die Helden so verwirrt: eine weibliche Männlichkeit, die ihre eigene nicht mehr natürlich erscheinen lässt und demzufolge unsicher macht. Und das Erstaunliche: Kleist hatte diese Ahnung, dass ein geschlechtlicher Körper mehr als ausschließlich männlich *oder* weiblich sein kann, bereits 200 Jahre vor Entstehen einer Reproduktionsmedizin, die den Weg in eine geschlechtslose oder geschlechtermultiple Gesellschaft bereitet, 200 Jahre, ehe die Hirnforschung nachweisen konnte, dass die Transformierbarkeit des Körpers in der menschlichen Biologie angelegt ist.

Achills Begehren ist wie das Penthesileas von erschreckender Präzision. Beide begehren ein Gegenüber in einer ganz spezifischen körperlichen Präsenz. Achill begehrt die Frau mit der einen Brust am Leib aus Schlangen- und Löwenhaut. Penthesileas Begehren für Achill ist das eines kriegerischen Wesens in einem Transkörper. Diese Präzision beschreibt ein differenzierteres Begehren, als es die zwei verfügbaren Geschlechtsidentitäten zulassen. (Judith Jack Halberstam erläutert in ihrem gendertheoretischen Buch »Female Masculinity«: Einen Mann zu begehren, der eine Vagina habe, oder als Frau ein Mann sein zu wollen, der mit anderen Männern Sex habe, seien ziemlich präzise und lesbare Formen des Begehrens – präzise und dennoch nicht durch die Kategorien sexueller Identitäten repräsentiert, mit denen wir uns eingerichtet hätten.) Während Griechen wie Amazonen also dem Konformitätsdruck von Gesetzen folgen, die genau vorschreiben, wer auf welche Weise wen begehren und wie begehrt werden darf, ob nun vom Kriegsgott Ares oder der Polis erlassen, »überschwärmen« Achill und Penthesilea diese Gesetze. Achill pfeift auf seine Leute. Und Penthesilea stellt sich bewusst gegen Ares, weil sie keine Lust auf Heiratsvermittlung hat. Statt sich vom Kriegsgott einen namenlosen Helden fürs Rosenfest zuführen zu lassen, überschreibt sie den Gottesbefehl kühn mit dem Auftrag der Mutter: »Du wirst den Peleiden dir bekränzen.«

Sie ermächtigt sich zu ihrem eigenen gesetzlosen Begehren. Deshalb kann sie mit der gleichen aggressiven Kraft, einer ebenso kriegerisch-männlichen Leidenschaft begehren wie Achill; eine Gleichheit übrigens, die bis in die Wortwahl zur Umschreibung sexueller Wünsche reicht. Wo Achill sie »die Stirn bekränzt mit Todeswunden, / (...) durch die Straßen häuptlings mit« sich »schleifen« will, möchte Penthesilea ihn im »Staub sehen« und »mit Pferden häuptlings heim (...) schleifen«.

Die Tragik liegt wie so oft darin, einander zu verkennen. Statt eines Erkennens gibt es jede Menge Täuschung. Für Penthesilea in ihrem fragilen Transkörper dürfte das Erkanntwerden so entscheidend sein, wie es für Achill entscheidend wäre, zu verstehen und anzuerkennen, dass genau dieser deviante Körper Auslöser seines Begehrens ist. Doch davor scheut er zurück. Als hätte er nach Verlassen des sicheren binären Terrains die Orientierung verloren, unterläuft ihm sofort ein Missverständnis. Im einzigen gemeinsamen Gespräch fragt er schüchtern, warum sie keine stille, weibliche Schönheit sei. »Du, die sich bloß in ihrer Schöne ruhig zu zeigen brauchte.« Ausgerechnet Penthesilea? Da muss sich auch Achill wundern. Über das »unnatürliche« Gesetz etwa, das sie in die Schlacht schickt; ein Spiegel des Gesetzes, dem er selbst folgt (und das als natürlich gilt). »Unnatürlich« sind für ihn hier die vertauschten Rollen, das Gesetz, nicht Penthesilea.

Nicht von ungefähr hat Kleist die gesamte Szene ihrer intimen Unterhaltung als Rollentausch angelegt. Nur im Kontext der Täuschung, Achill besiegt zu haben, hat Penthesilea die Sprachmacht, während er zum Schweigenden, Fragenden wird. Das soziale Stereotyp der Frau, die schweigt und zuhört, während ihr der *Mansplainer* die Welt erklärt, kehrt sich um. Penthesilea spricht über ihre Herkunft, nennt ihren Namen. Ihre Leidenschaft fasst sie in Begriffe männlicher Eroberung aus dem alten Geschlechterkampf. Und wenn sie Achill »wie eine reife Südfrucht niederfallen« sehen will, bedient sie sich der klebrig-machistischen Rede von der Frau als reifer Frucht, die einem Mann in den Schoß fällt, und subvertiert sie. Aber ganz klappt es doch nicht. Zum einen ist sie es, die sich erklären muss; nicht er. Zum anderen hört Achill nicht immer zu, lässt die Frau gewissermaßen plappern. Gerade an der Stelle, wo es ihr mit ihrer Herkunft ernst ist, zerstreut ihn »ihre Schöne«. »Ich war zerstreut. Vergib.«

Der Rollentausch funktioniert nicht, weil der Tausch selbst die Täuschung ist. Nicht weil eine Frau keine männlichen und ein Mann keine weiblichen Rollen einnehmen könnte. Sondern weil dieser Tausch das ihm zugrundeliegende Entweder-Oder der Geschlechter nur bestätigt. Damit geht er am Eigentlichen, an ihrer beider Begehren, vorbei. Solange sie nämlich in diesen Rollen stecken, ob vertauscht oder nicht, müssen sie einander zwangsläufig verfehlen. Ihr Begehren zielt jenseits einer Dichotomie der zwei Geschlechter. Deshalb liegen Tausch und Täuschung hier so nah beieinander. Deshalb ist das Stück voller Täuschungen und Missverständnisse, die in der Rezeptionsgeschichte für ähnliche Verwirrung sorgten, wie Kleist sie den Griechen andichtet.

Die Liebenden finden sich außerhalb der Zweigeschlechtlichkeit nicht zurecht, obwohl ihr Begehren genau darauf abzielt; aber »dies Werk ist der Giganten, meine Königin«. So formuliert es die Amazonenfürstin Meroe, und da hat sie völlig recht. Während Penthesilea die Getäuschte ist, unterliegt Achill der Selbsttäuschung. In leidenschaftlicher Blindheit verrennt er sich in die Aberkennung aller ihrer kriegerischen, männlichen Züge, indem er den Kampf der Amazonen »eine Grille« nennt, ihre Pfeile nicht ernst nimmt: »Mit euren Augen trefft ihr sicherer«, ihre

Worte nicht: »süß wie Silberklang straft eure Stimme eure Reden Lügen«, Penthesileas Anliegen nicht: »könnt ich auf meiner Väter Thron sie setzen«. In Verkennung ihres Selbstverständnisses verkennt er das, was sein eigenes Begehren so erschreckend präzise entzündete; ihre weibliche Männlichkeit. Die aber würde seine eigene Sexualität problematisieren und ihn vor den Livekommentatoren am Rande des Schlachtfeldes in Erklärungsnot bringen. Voller Zweifel scheint auch Kleist zu fragen, ob eine biologisch weibliche Person nicht einfach Frau zu sein hat, als er seinen Achill sich in Stereotype hineinsteigern lässt. Wenn Achill sich zu »ihren kleinen Füßen niederlegen« will, sind wir nicht nur zurück auf Anfang, beim Mainstreamfrauenbild der Griechen, sondern auch bei Kleists innerer Zerrissenheit, der trotz allem von einer Frau erwartete, dass sie »mit ihrer ganzen Seele für ihren Mann tätig (ist)« und befand, »sie gehört niemandem an, als ihrem Manne, und sie gehört ihm ganz an (…)«, wie er in einem Brief vom 30. Mai 1800 an Wilhelmine von Zenge schrieb.

Zweimal wird Penthesilea vom Ersehnten betrogen; in Komplizenschaft mit der besten Freundin und schließlich auch um die, die sie ist: Bei seiner letzten Forderung zum Zweikampf kreuzt Achill ohne Waffen auf. Einerseits verlangt es ihn nach ihrer ganzen kriegerischen Maskulinität. Andererseits tritt er ihr gegenüber wie einer Frau. Sein Unbewaffnetsein ist nicht nur demütigend. Es ist außerdem auch sinnlos;

denn dass sie einander küssen, nicht töten wollen, ist schon längst geklärt (und hätte Achill zugehört, wüsste er, dass die Amazonen nur auf Gefangene aus sind, die sie später wieder freilassen). Seine Waffenlosigkeit beraubt sie vielmehr beide endgültig der Grundlage ihres Begehrens, weil dadurch Penthesileas Maskulinität rigoros negiert wird. Seiner Männlichkeit hingegen erwächst kein Schaden, er braucht keine Waffen, um sie zu performen. Er ist unverwundbar.

Wie aber kann sie ihn, den Unverwundbaren, dann überhaupt ums Leben bringen?

»Ich war nicht so verrückt, als es wohl schien.« Stimmt. Denn niemand kann Achill töten, sie schon gar nicht. Sein unbewaffnetes Auftreten löscht sie vielmehr aus, und zwar schneller, als jeder Kampf es könnte. Zwangsumgedeutet zur Frau, verschwindet Penthesilea in der imaginierten Weiblichkeit. Sie löst sich auf in die zähnefletschende Hyäne, die rasende Dogge. Nun performt sie »wahrhaftig Wort für Wort« jene sprachlichen Bilder, die sie als animalisches Naturwesen denunzieren. Jenes wilde Naturwesen, zu dem sie die Griechen schon ganz zu Anfang machten. Kein Wunder, dass nicht einmal die beste Freundin Prothoe sie in jener Furie erkennt, deren Gestalt sie sich, dem Bild der ersten Liveübertragung entsprechend, nun angeeignet hat. »Mensch nicht mehr«, denn Mensch zu sein, setzt ein Ich voraus. Sie aber ist bloß noch animalisches Imago männlicher Phantasie.

Was Achill zerfleischt (und Penthesilea umbringt), sind die Stereotype, in die sie hineingezwungen sind. Nicht der Kriegerin ist die Grausamkeit zu eigen, sondern diesen Bildern, weil sie auf kategorischem Ein- und Ausschließen beruhen. Folgerichtig ist es der Körper, der zerlegt werden muss, weil sich an ihm der binäre Geschlechterunterschied festmacht, der sich als gewaltsame Machtbeziehung konstruiert.

Diese Grausamkeit, von der auch die überfällige *metoo*-Debatte einmal mehr handelt, kann nur durch das Überschwärmen der Grenzen, das Verschwimmen der Kategorien beendet werden. Nur so können die fixen Machtpositionen ausgehebelt werden; ein Gedanke, der dieses 200 Jahre alte Stück so grandios zeitgemäß macht. Hierarchien sind damit nicht aus der Welt. Aber sie zerstreuen sich, lassen produktive Instabilitäten zu, die den Differenzen und der Vielfalt gerechter werden, in denen wir leben könnten. Ich vermute, wir wären glücklicher so.

(2018)

IV Zuflucht

Und was machen Sie abends?

Ich schreibe Ihnen, schreibe ich Lena Andersson, einer schwedischen Autorin, deren Literatur mich durch den Frühling begleitet, aus Rheinsberg, einem kleinen Ort im nördlichen Ostdeutschland, wo ich für fünf Monate ein Zimmer mit Ausblick für mich allein habe.

Rheinsberg, vom schlanken Grün Ruppiner Seen und Wälder idyllisch umwachsen, ist eines jener Städtchen, die nur am Wochenende geöffnet haben. Dann nehmen Berliner*innen in Ausflugslaune die Cafés an der Seepromenade in Beschlag und verlangen lauthals (ein Tag reicht nicht, um vom Großstadtlärm auf das lauschige Schlagen der Kleinstadtwellen umzuschalten) nach gebratenem Zanderfilet oder Schwedeneisbecher; dieses früher so begehrte Eis mit Apfelmus und Eierlikör. Schwedenbecher, schreibe ich der Schwedin, ist eine Erfindung einfallsreicher DDR-Gastronomen und hat mit Schweden so viel zu tun wie das schwedische Volksheim mit der DDR. Vom speziellen Geschmack der Sehnsucht, den diese Vanilleeis-Apfel-Melange einmal hatte, wissen heute nur noch wenige. Und für die Wenigen ist die Sehnsucht der Ernüchterung gewichen.

Sind die Schwedenbecher ausgelöffelt, beschauen sich die Ausflügler im Verlangen nach Geschichte das Rokoko-Schlösschen, wo der junge Friedrich II. glücklich musiziert, diskutiert und sich mit hübschen Lakaien und schlanken Hunden amüsiert haben soll. Manche halten vor den großen Tafeln mit der Route des Todesmarsches aus dem KZ Sachsenhausen inne.

Kaum ein Ausflügler verirrt sich in das Wohnviertel, das bis heute KKW-Siedlung heißt. Dort stehen DDR-Plattenbauten, in denen ab den 1960er Jahren Menschen wohnten, die im nahe gelegenen Kernkraftwerk arbeiteten.

Ich sitze im Marstall und schaue auf den symmetrisch angelegten Park mit einem Flüsschen, das in einen See mündet. Das Flüsschen heißt Rhin. Seine Farbe erhält es vom Laub der Bäume am Ufer. Im Augenblick ist das Wasser vom frischen Grün der Kastanie, die sich in ihm spiegelt.

Das Sonnenlicht fällt, vom Laubwerk gesiebt, flackernd auf eine Holzbrücke. Gestern ging ein junges Paar mit Kinderwagen über diese Brücke. Sie hatten es nicht eilig. Am gegenüberliegenden Ufer blieben sie stehen und setzten das Kind zum Krabbeln ins Gras. Der Mann zündete sich eine Zigarette an. Als er sie bis zu den Fingerkuppen hinuntergeraucht hatte, schnippte er die Kippe in den Fluss.

Es ist ein von der Stiftung Preußische Schlösser

und Gärten gepflegter Park. Selbst die Steinchen auf den Wegen haben sich eingefunden in die ästhetische Doktrin. Im Lustgarten liegen sie in der verordneten Distanz zueinander. Das Grün des Wassers ist gnadenlos klar.

Ich würde es nie wagen, in dieses Wasser irgendetwas hineinzuwerfen. Ich traue mich nicht einmal hineinzuspucken. Claire traute sich. Claire ist die Hauptfigur aus Kurt Tucholskys Debütroman »Rheinsberg. Bilderbuch für Verliebte«. Claire und Wölfchen überqueren den Rhin auf einem Vorläufer dieser Holzbrücke. Auch für sie flackert das Frühlingslicht. Auch sie haben Zeit. Sie sind jung, verliebt und auf Landpartie. Und dann spuckt Claire mit Schwung ins Wasser. Sie spuckt auf den aufflammenden Nationalismus im Wilhelminischen Staat. Sie spuckt auf die Militarisierung und das patriarchale, verspießerte Kleinbürgertum. Das war 1912.

Würde ich es ihr gleichtun, würde ich auf den aufflammenden Nationalismus spucken und auf die schleichende Brutalisierung in den Köpfen von Leuten, die ihr eigener Stumpfsinn so anödet, dass sie ihn mit rassistischer, sexistischer und rechtsextremer Tunke überziehen. Ich würde auf die subtilen Methoden in Schulen und in Elternhäusern spucken, die Mädchen nach wie vor einzutrichtern versuchen, sie dürften nicht spucken, ich würde …

Aber ich spucke nie. Ich bin sicher, dass dann ein Parkwächter auftauchen und mich auffordern würde, das sofort wegzumachen, andernfalls wäre für die

Verunreinigung des Wassers eine Geldstrafe zu entrichten.

Das Paar mit Kinderwagen wusste davon nichts. Sie waren keine Ausflügler. Die kastaniengrüne Strömung trieb die Kippe auf eine Ente zu, die das neuartige Gewächs beschnäbelte, bevor es in Richtung See davontrudelte. Das Paar am gepflegten Ufer hatte kein Auge für Farbe und Klarheit des Rhins. Es schien, als wären die Sinne, die für die Wahrnehmung von Schönheit zuständig sind, tief im Inneren sicher verschlossen. Luxus für bessere Zeiten.

Sie gehörten zu den Menschen, die vor kurzem in die KKW-Siedlung gezogen waren. Oder ins Schlosshotel. Oder in eine der Platten in der Mariefred Straße, diese fünfstöckigen, schmutziggrauen, austauschbaren Häuserriegel, von denen einige nach der Wende pastellfarben angemalt wurden. Man kann durch diese Häuserriegel hindurchgehen. Wer auf der Flucht ist, geht vorn hinein und hinten wieder hinaus, wie im Slapstickstummfilm, wo die Figuren, sobald sie ein Haus von vorn betreten, hinten wieder herausfallen. Die Menschen, die dort eingezogen sind, haben endlose Kilometer aus Syrien, aus Afghanistan zurückgelegt.

In so einem Plattenbau bin ich aufgewachsen. Zwischen den Häusern gibt es Wäscheplätze mit eisernen Wäschestangen. Auf solchen Wäscheplätzen habe ich Socken und Nickis (»T-Shirt« ist ein Begriff aus der Zeit nach dem Kalten Krieg) mit hölzernen Klammern auf Leinen geklemmt. Eine syrische Autorin, die in Berlin Asyl bekommen hat, schrieb in einer Kolumne der taz, sie vermisse Wäscheleinen. In Aleppo seien Dächer und Balkone mit flatternder Wäsche geschmückt. In Berlin dagegen hänge niemand seine Wäsche draußen auf. Ich werde sie nach Rheinsberg einladen. Gegen das Heimweh. Für sie symbolisieren Wäscheleinen einen anderen Ort, für mich eine andere Zeit.

Der Hausflur in einem der Blöcke in der Mariefred Straße hallt. Das unverkennbare Dröhnen meiner Schritte, ein Echo von früher, ein Echo, wie es nur Fertigbetonplatten werfen. Ein unheimliches dumpfes Beben. Wie um daran zu erinnern, dass auch der Beton noch jedes Geräusch registriert. Es riecht nach Rauch, Bratkartoffeln und Angst, diese menschlichen Ausdünstungen, die tief in den nachgedunkelten Wänden eingelagert sind. Irgendwer beobachtet mich. Irgendwer beobachtet einen in solchen Plattenbauten immer, meistens vom Erdgeschoss aus, wo der Hauseingang wie ein Revier bewacht wird. Und da ist er, mein Beobachter, sitzt mit nacktem Oberkörper auf dem Balkon. Ein salzfarbener Kopf, der bis zu den Augen über die Brüstung ragt, so dass das Geschehen auf der Straße reibungslos verfolgt werden kann.

Meistens geschieht nichts.

Später kommt das junge Paar mit dem Kinderwagen die Straße entlang, geht am Erdgeschossbalkon vorüber zum nächsten Eingang. Sie heben den Wagen die fünf Stufen hoch, stehen dann eine Weile in der Sonne. Der Tag ist noch lang, und es gibt nicht viel, womit er gefüllt werden könnte. Sie sind hier, um zu warten. Sie warten auf Sozialversicherung, auf Krankenversicherung, auf die Arbeitserlaubnis, auf das Ende eines ganzen Krieges. Den Mann auf dem Balkon nehmen sie nicht wahr. Vielleicht sind sie ans Beobachtetwerden gewöhnt. Es macht nichts, dass einer auf Posten alles registriert, so wie es nichts macht, in einem hallenden Plattenbau zu warten, solange das Haus ein Haus ist.

»(…) ich fühle mich verdammt dazwischen, und da sitzt man auf die Dauer nicht gut«, schrieb Kurt Tucholsky über so ein Warten 1934.

Sein Gesamtwerk steht in einem Schrank neben meinem Stadtschreiber-Schreibtisch. Ich habe mir ein mintgrünes Taschenbuch ausgesucht: »Briefe aus dem Schweigen 1932–1935«, die er in seinen letzten Lebensjahren aus Schweden seiner Geliebten, einer Zürcher Ärztin, schrieb. Da hatten ihm die Nazis die deutsche Staatsbürgerschaft schon aberkannt. Schweden hatte ihm noch keinen offiziellen Status zuerkannt. Sogar mit einem Ausländerpass ließen sich die Behörden Zeit. Er saß fest. Die letzten Jahre seines Lebens verbrachte er als Staatenloser in Hindås an der schwedischen Westküste. Die Briefe sind unterzeichnet mit »Fritzchen, aufgehörter Deutscher«.

Tucholsky hatte ein schwieriges Verhältnis zu diesem Vorkriegsschweden. Die Menschen wirkten auf ihn naiv und selbstgefällig. Was in den Zeitungen stand, erschien ihm von unbedeutender Harmlosigkeit. Eine Harmlosigkeit, die in dem Moment gefährlich wurde, in dem sie sich als Freundlichkeit gegenüber Hitlerdeutschland äußerte, ja als Sympathie für die Nazis. »Die Idee der demokratischen Freiheit ist hier im Absterben, hier wie anderswo. Sie wird nicht abgelehnt, sie interessiert nicht mehr. Tipp an, sie fällt.«

Im Plattenbau mit Wäscheplatz, in einer Dreiraumwohnung mit Balkon, den mein Vater verglaste, damit ich einen eigenen Platz für meinen Schreibtisch hatte, wo man im Hausflur aufpassen musste, was man sagte, damit nichts Falsches an die Erdgeschossohren drang, wuchs ich mit einem anderen Schwedenbild auf. Schweden war ein phantastisches Land. Ein Land, in dem gleich und frei und offen gelebt wurde. Sozialismus ohne Diktatur.

Und noch immer sehe ich sie stehen. Am Ufer der Ostsee. Auf der Mole. Am Leuchtturm in Sassnitz. Am Strand. Menschen in DDR-Niethosen. Wie sie die Augen abschirmen und den Fähren nachschauen. Fähren, die über die Ostsee fuhren, nach Trelleborg und weiter. Ich sehe sie aufs Meer hinausschauen, der Schwedenfähre nach, die aus dem Sassnitzer Hafen auslief. Die Fähre fuhr in greifbarer Nähe vorbei, Reling, Rettungsboote und Oberdeck waren für das bloße Auge sichtbar. Die Blicke aber waren auf Unsichtbares gerichtet: auf schwimmende Paläste, die das schnöde Hier mit einem Traum verbanden, mit der anderen, unbekannten Seite der Welt, mit dem Westen. Die Fähren waren real und irreal zugleich und entzündeten Wahnvorstellungen. Die Menschen winkten ihnen nach und malten sich aus, wie es wäre, in einem Werkzeugkasten in den Maschinenraum geschmuggelt zu werden, als Matrose verkleidet an Bord zu gehen oder sich, an den Unterboden eines Lkw gekettet, als Frachtgut verladen zu lassen. Manche übten sich im Weitspucken. Einmal, das wussten sie, würde die Spucke die Bordwand treffen und dort hängen bleiben, und dann würde das Ungeheuerliche geschehen: Die Spucke würde in weniger als fünf Stunden das ersehnte Ufer erreichen; ihre Spucke. Ein Teil ihrer selbst.

Erst, als auch die letzte Fähre hinter dem Horizont verschwunden, als sie abgetaucht war hinter der unsichtbaren Grenze zwischen Kreidefelsen, Mole und dem fernen gelobten Land, war man sich nicht mehr so sicher, ob es das ersehnte Land überhaupt gab. Schließlich war niemand je dort gewesen. Und wenn es einem doch gelungen sein sollte, mit einem Segler, einem Schlauchboot oder auf der Luftmatratze lebend die verminte Grenze zu überqueren, dann war er nie zurückgekehrt, um davon zu berichten. Der Himmel reichte nicht weiter als der Blick. Vielleicht waren auch die Fähren nur Gaukelei, Hitzebilder der Ostseeluft. Ein Gedanke, der tröstlich war. Allerdings hielt er nicht lange, weil er so durchschaubar war. Sogar der Trost schmeckte schal.

Ich sehe sie stehen. Ich selbst stand auch da; mit 14, mit 15.

Wie heute an anderen, südlichen Ufern gestanden wird, den Blick sehnsüchtig und angsterfüllt aufs

Meer gerichtet, gehört zu den Dingen, die ich nicht beschreiben kann.

Hier sind ein paar Auffälligkeiten:

Das Mittelmeer und die Ostsee sind beides Binnenmeere des Atlantischen Ozeans.

In den Platten von Rheinsberg – der KKW-Siedlung, der Mariefred Straße – warten Syrerinnen und Syrer darauf, dass man sie reinlässt nach Deutschland, während ich in der DDR darauf gewartet habe, dass man mich rauslässt, nach Schweden, wo Tucholsky wiederum bis zu seinem Freitod darauf wartete, dass man ihn reinließ, und in Mariefred begraben wurde, der heutigen Partnerstadt Rheinsbergs.

Während ich Tucholskys letzte Briefe aus Schweden lese, schreibe ich Lena Andersson nach Schweden aus jenem Ort in Brandenburg, in dem Tucholsky sein Debüt über glücklich Verliebte ansiedelte, wie sehr mir ihr Roman über eine unglücklich Verliebte 100 Jahre später gefällt.

Und der Satz Tucholskys geht mir nach, dieser Satz von der *Idee der demokratischen Freiheit, die im Absterben ist*. – Wäre nach dem Ende des Kalten Krieges nicht auch das Ende der Geschichte ausgerufen worden, stünde zu befürchten, dass mir diese Geschichte nun mit ihrer ganzen herrlichen Wucht und dem Stumpfsinn der »Wutbürger« wieder ins Gesicht schlägt – in Deutschland, in Schweden, beinahe überall in Europa, *hier wie anderswo*. Die Idee der demokratischen Freiheit *wird nicht abgelehnt, sie interessiert nicht mehr. Tipp an, sie fällt.*

Aber vielleicht ist es bloß das Flackern, dieses Flackern des vom Laubwerk gefilterten Lichts, das gespenstische Schatten an die Schädeldecke wirft …

»Und was machen Sie abends?«, fragte mich neulich später eine Journalistin, die die neue Stadtschreiberin in der Regionalzeitung vorstellen wollte. Das war eine schöne Frage, denn sie erinnerte mich daran, wie es war, eine Werktätige zu sein. Sie machte mich überhaupt erst zu einer Werktätigen, die den Abend zur freien Verfügung hat, und sprach mich damit vorübergehend von dem Verdacht frei, in einer Idylle bezahlten Urlaub zu machen, unter dem das Stadtschreiben zuweilen steht.

Für Werktätige ist nach einem geregelten Achtstundentag der Abend frei, und man muss sich überlegen, was man mit ihm anstellt. Das schließt auch das Warten auf den Abend ein, das Ersehnen des Abends, so wie Wochenende, Urlaub, zuweilen auch die Rente ersehnt werden. Ein Warten voller Vorfreude. Vorfreude kommt nur auf, wenn man sich darauf verlassen kann, dass das Erwartete in absehbarer Zeit auch irgendwie eintritt. Oder anders: Das Warten der Werktätigen unterscheidet sich wesentlich von einem anderen Warten, einem Warten ohne Vorfreude. Dem Warten Tucholskys.

»Ich lebe nicht«, schrieb er 1934 seiner Schweizer Geliebten. »Und nichts, aber auch nichts kann mich von diesem Grundgefühl abbringen, das stärker ist als alles andere: das ist es alles nicht. Ob ich hier sitze und diesen Quatsch lerne, ob ich was andres täte, ob ich da Bücher verkaufte oder sonst was täte – mir wird mein Leben gestohlen von irgend etwas, das auf mir liegt wie eine graue Decke. Und so gehe ich nicht unter Menschen, und so will ich nicht Deine, entschuldigen Sie das harte Wort, Sympathie riskieren.«

Dem Schloss gegenüber liegt ein Restaurant. Tische sind großzügig auf dem Trottoir verteilt. Straße, Standbild, Schloss und See ergeben ein schönes Ensemble. Und wenn die Sonne sich aus anderen Draußensitzgelegenheiten schon zurückgezogen hat, lässt sie hier noch letzte Abendstrahlen fallen. Als ich zum ersten Mal dort ein Weizenbier trank, sah ich das Paar wieder. Sie kamen die Schlossstraße entlang. Ihr Schritt glich dem Schlenderschritt der Ausflügler, hätte nicht Wachsamkeit jede ihrer Bewegungen disziplinierend zurückgerissen. Sie kamen zögernd näher, standen dann dort, am Schnittpunkt dreier Straßen, als hätten sie Angst, sich zu verlaufen. Das war aber nicht das Problem. Sie waren diese wenigen Wege im Städtchen schon oft gegangen, viel öfter als ich, sie schauten sich um und zurück zu den Tischen. Die Frau sah mich an, die Augen glühend, der Mann ging schon weiter. Die Augen der Frau senkten sich in meine, verharrten, als wollten sie sich festhalten, gesehen werden, erkannt, verloren sich aber in diesem Schauen, das möglicherweise Sehnsucht war, das Verlangen, unter Menschen zu gehen, dazuzugehören und Zeit zu haben, wie man sie hat, wenn man Dinge vor hat und das Leben einen Plan. Vielleicht lag Verlangen nach Normalität in ihrem Blick, nach Vorfreude auf den Abend, auf den nächsten Tag, vielleicht täuschte ich mich. Ich griff nach meinem Glas, sah verlegen in Richtung See.

Auf Vermittlung der örtlichen Sozialarbeiterin besuche ich eine Familie in der KKW-Siedlung. Wael, Huda und Fatima lassen mir, als ich die Wohnung betrete, die Wahl, im »German or Arabian style« zu sitzen, und ich entscheide mich für *Arabian style* und gegen die drei Plastikstühle, die wie in einer Arztpraxis nebeinander aufgereiht an der Wand stehen. Wir setzen uns auf Matratzen am Boden.

»Und was machen Sie abends?«, frage ich unbeholfen.

Wael lächelt, als müsse er dieser Frage einen Moment nachhören, als hätte ihn das lange keiner gefragt. In Syrien hat er als Notarzt gearbeitet, irgendwo im Landesinneren, in der Nähe des Euphrat, bis der IS kam und seine Praxis schloss, weil er sich den Terroristen nicht anschließen wollte. 2014 floh er mit seiner Familie in die Türkei, wo er seine Mutter zurückließ, dann weiter durch Europa.

Der Kaffee in den kleinen Porzellantassen, den seine Frau Huda serviert und die vor uns auf dem Boden stehen, ist schwarz und süß und schmeckt nach Kardamom. »Ich könnte bis zur Schweizer Grenze fahren«, sagt Wael schließlich. »Wenn ich wollte, könnte ich durch ganz Deutschland fahren, ich könnte abends aufbrechen und über die holländische oder die tschechische Grenze fahren, ohne dass mich jemand nach meinem Pass fragen würde. In Syrien geht das nicht.«

»Das kenne ich«, sage ich. »Ähnlich ging es mir vor etwa 25 Jahren.«

Die finnische Autorin Rosa Liksom sagte neulich auf einer Schriftsteller*innenkonferenz: »Wenn sich das Geld auf der Welt frei bewegen darf, sollte das gleiche Recht auch für Menschen und Tiere gelten.«

Waels Schwester, die neben ihm sitzt, spricht kein Englisch. Sie lernt Deutsch, aber es reicht noch nicht, und ich bitte Wael, meine Frage auch an sie zu richten. Fatima ist jung, vielleicht 18. Sie strahlt Energie aus, und als sie spricht, wirkt es, als wollte sie gleich loslegen, durchstarten, raus ins Leben. Fatima sage, sagt Wael auf Englisch, dass sie sich Sorgen mache, weil die Abende so lang sind. Anfang Juni sei dieses Jahr Ramadan. Dann dürfe sie 30 Tage lang von Sonnenaufgang bis Sonnenuntergang nichts essen oder trinken. Auch kein Wasser. Und jetzt habe jeder Tag hier 18 Stunden! Mein Vorschlag, sich nach dem syrischen Sonnenlauf zu richten, wird lächelnd beschwiegen. Das ist laut höherem Plan nicht vorgesehen. (Ich muss Lena Andersson fragen, ob sie weiß, wie es die Muslime halten, die in Schwedens Norden untergebracht sind. In Lappland geht die Sonne im Juni überhaupt nicht unter.)

Abends werde gekocht, sagt Huda, die die ganze Zeit über nichts gesagt hat, übersetzt von Wael. Als sie im Erstaufnahmelager in Eisenhüttenstadt das deutsche Essen gegessen habe, sagt Wael, sage Huda, habe sie das Gefühl gehabt, bald nicht mehr aufrecht stehen zu können. Einfach umzufallen. In Deutschland koche man alles ohne Salz, Öl und Fett.

Huda und Wael haben Asyl bekommen. Ihre Tochter Fatima wartet noch auf den Bescheid. Sie wartet jeden Tag, jeden Abend. Aber sie hat schon entschieden, was sie am Ende dieses Wartens machen wird: einen Schulabschluss. Egal wie lange sie hier sein wird; sie wird die Zeit nutzen zum Lernen. Ihr Warten gleicht schon dem der Werktätigen; da ist Vorfreude.

Abschließend, an der geöffneten Wohnungstür, gibt Wael mir die Hand. Er sagt so förmlich, als gehe es darum, dass es alle im Treppenhaus hören, wie froh er sei, dass die Menschen in diesem kleinen Ort im Gegensatz zu den Gerüchten und der Angst, die er hatte, freundlich zu den Flüchtlingen seien.

Bevor ich in meine Stadtschreiberwohnung zurückkehre (es Abend wird), gehe ich über die Holzbrücke, das klare Grün des Wassers unter mir. Ein paar Blätter treiben vorüber, Blätter dürfen das. Blätter gehören dazu. Und mir fällt ein, was Tucholsky über das Schweden sagte, in dem er gestrandet war: »Sie haben übrigens hier, ganz abgesehen von Spezialfällen, einen Einwanderungsüberschuss von 2000 (zweitausend) im Jahr. Und dafür so viel Heulen und Zähneklappern. Na, gut.«

(2016)

Am Galgenberg

Während meiner langen Läufe auf Visbys Kalksteinklippen, zwischen Wachholder, Orchideen, *Kajp* und *Salmbär*-Büschen, in der glitzernden Ostseeluft wähne ich mich allein und frei. Ich bin glücklich. So möchte ich das schreiben. *In meiner Freiheit glücklich.* Der Weg, kaum mehr als ein Trampelpfad, schlängelt sich hinter der letzten Visbyer Kirchenruine über eine Wiese und durch dichtes Gestrüpp hinauf auf die Klippe, die entlang der Küste nach Norden verläuft. Auf einem von Zwergkiefern umstandenen Plateau mache ich Pause. Beide Beine fest auf dem abgeschliffenen Stein, in der Ferne Fischerhütten, deren Geruch nach Teer und Räucherfisch zu ahnen ist. In den Sommerhäusern hinter mir hat die Saison noch nicht begonnen.

Freiheit, schießt mir durch den Kopf, kaum dass ich wieder Luft bekomme, hat mit Respekt zu tun. Die eigene Freiheit als Freiheit der Andersdenkenden zu denken – so die berühmte Sentenz von Rosa Luxemburg – scheint nicht jedem gegeben, wie die brutalen, erniedrigenden Angriffe auf diese oder jene Gruppe, die gerade die schlechte Laune oder die Unzufriedenheit der Angreifer auf sich zieht, einmal mehr zeigen. Obwohl es für die meisten immer noch selbstverständlich ist, anderen nicht mit Zähnefletschen und Mordgelüsten zu begegnen, ist eines der Themen, über die wir unsere Idee von Freiheit in ganz Europa derzeit wohl am häufigsten verhandeln, der Respekt.

Was ich respektiere, erkenne ich an, und ich füge mich den Konsequenzen. Sich fügen: bei bestimmten Dingen unvermeidlich. Die Gezeiten. Die eigene Vergänglichkeit. Bei anderen Dingen sogar gewünscht wie den Entscheidungen geliebter Menschen. Sich aber in das sprichwörtliche Schicksal zu fügen, wenn es von der Willkür anderer abhängt?

Vor einigen Jahren hatte ich die Gelegenheit, an einer Reise des Außenministers nach Abuja teilzunehmen. Während der »Chef«, wie ihn seine Mitarbeiter sportlich nannten, zu politischen Gesprächen verabredet war, traf die Kulturdelegation, zu der auch ich gehörte, Künstler*innen, NGOs, Journalist*innen und besichtigte Sehenswertes. Vor der nigerianischen Nationalmoschee empfing uns ein freundlicher Mensch – nein, nicht einfach »Mensch«. Er war ein Mann, jedenfalls wies er sich mit seinem Handschlag als solcher aus: Nachdem er dem deutsch-nigerianischen Rapper zu meiner Linken die Hand geschüttelt hatte, rückte er nahtlos an mir vorbei zum Diplomaten rechts von mir.

Nicht einmal sein Blick streifte mich. Da musste sehr viel Horizont an meiner Stelle sein, eine Lücke zwischen Rapper und Diplomat, leeres Gelände, aus dem meine grüßend ausgestreckte Hand ungesehen herausragte.

Ich trug an diesem Tag Hose und Bluse, langärmelig, gebügelt, vielleicht war sie ein wenig overdressed für die nigerianische Hitze. Und doch wollte ich im Erdboden versinken vor Scham. Als wäre etwas Verbotenes an mir, als stünde ich nackt da. Der Rapper hatte nichts bemerkt, dem Diplomaten schien es eng zu werden in der Haut, er ruckelte an seiner Krawatte, die ihn als Mann auswies, als schämte auch er sich, vielleicht dafür, dass ihm die besondere Wertschätzung schmeichelte, die ihm auf diese Weise zukam. Oder schämte er sich schon meinetwegen? (Und keiner, der den Mund aufmachte.)

Oben auf der Klippe, auf dem *Galgberget* mit den steinernen Säulen, wo im Mittelalter die Mörder, Diebe und Ehebrecher gehängt wurden, so dass man sie in ganz Visby tagelang als abschreckende Beispiele sah, wird mir klar, dass man, um Respekt zu haben, dazu in der Lage sein, sich zuweilen also erst Respekt verschaffen muss. In Abuja war es irrelevant, ob ich die Gesinnung dieses Mannes respektierte oder nicht. Dazu hätte ich als Mensch wahrnehmbar sein müssen.

Es ist schön Anfang Juli auf der Insel Gotland. Öland ist nicht weit von hier. Wieder ein ungewöhnlich warmer Sommer. Das Trinkwasser muss rationiert werden. Eine Frau, die gestern ein Thermometer in die Ostsee hielt, dachte, es sei kaputt, weil es unwahrscheinliche 24 Grad anzeigte.

Auf Inseln denkt man vom Wasser her. Das Wasser

gibt den Rhythmus vor mit Gezeiten, Strömungen, Winden. Es ist die Verbindung zur nächsten Küste. Man lebt von dem, was das Meer bringt, an Neuem, an Fremdem. Wo das Land ins Meer, das Meer in den Horizont übergehen, denkt man in Übergängen. Von Gotlands Ostküste aus ist beinahe Lettland zu sehen. Die Ostsee stellt die Verbindung beider Küsten her, die ebenso nah oder fern voneinander sind wie die Westküste Gotlands vom schwedischen Festland. Denke man eine Landkarte vom Wasser aus, schreibt Robert Macfarlane, der auf den britischen Inseln lebt, in seinem Buch »Alte Wege«, lösen sich Staatsgrenzen wie von selbst auf.

Macfarlane ist meine Sommerlektüre, und mir gefällt die sanfte Intervention, die seine kluge, essayistische Erkundung alter Pfade ungewollt in die hysterisierte EU-Debatte unternimmt. Denke man sich die Landflächen einer Landkarte leer, wie zuvor das Meer, überziehe dieses aber mit Seewegen und Meeresstraßen, verändere sich der Blick auf Europa radikal; das Zentrum werde leer, die Peripherie zentral. »Die nach außen gerichteten Küstensiedlungen – von den Shetland- und den Orkney-Inseln bis hinunter nach Galicien – gehören nicht mehr zu bestimmten Staatsgebieten, vor denen sie zufällig im Meer liegen, sondern werden zu einem eigenständigen atlantischen Gebiet, das Kultur, Technologien, Handwerkspraktiken und Sprachen teilt. Ein verstreuter abendländischer Kontinent (...) vereint durch die gemeinsame Anrainerschaft an ein und denselben Ozean.«

Kulturelle Identitäten werden Macfarlane zufolge über Jahrhunderte hinweg aus der Landschaft geschmirgelt. Denken, Fühlen und Handeln prägen sich an den Küsten oder auf Inseln anders aus als im Inland oder in den Bergen. So verbindet nicht abstrakte Nation, sondern geologische Beschaffenheit die Menschen. Wie schnell sich da auch ein »echter Brite« in die landschaftliche Färbung hinein auflöst, die ihn durchzieht.

Ich laufe an Ebereschen und Schlehen vorbei, am Wegrand Frauenschuh und wilde Orchideen, über Gras, Sand und helles Gestein, dieser wettergeschliffene Boden, der sich mir eingeschrieben hat, seit ich zum ersten Mal hier war. Ich liebe den Geruch nach Salzwasser, nach Tang und Wachholder, den pudrigen Geruch nach sonnenwarmem Kalkstein, der zugänglichsten aller Gesteinsarten, die sich weich anfühlt, wenn ich mit der Hand darüberstreiche. Und doch trotzt dieser Stein dem nördlichen Klima so, dass Visbys imposante Stadtmauer seit dem Mittelalter nicht zerfallen, sondern fast vollständig erhalten geblieben ist.

Vielleicht ist es kein Zufall, dass ausgerechnet die Bewohner einer Kalksteininsel die Fähigkeit, zu verhandeln und Kompromisse zu schließen, in besonderer Weise besitzen, etwas, das mit diesem Gestein zu korrespondieren scheint. Die Nachgiebigkeit ist Ausdruck einer inneren Stärke, weil sie Respekt gegenüber dem Ansinnen anderer voraussetzt, auch wenn es nicht den eigenen Interessen entspricht. So kommt es, dass Visby eine der wenigen mittelalterlichen europäischen Städte ist, die auch von Menschen nie zerstört wurden.

In den Rissen und Vorsprüngen der Klippen wurzeln Kiefern, niedrigwüchsige, knorrige Bäume, die mich an die Landschaft erinnern, in der ich aufwuchs, obwohl die Kiefern Brandenburgs in Reih und Glied und dünn wie Spargel in die Höhe schießen. Und wenn ich über die brandenburgischen Waldwege laufe, rufen diese Kieferngheettos wiederum den Vergleich mit Gotland auf. Denn nicht nur die Landschaft der Kindheit hat mich geprägt. Oder anders; geprägt hat mich, was ich als junge Erwachsene nördlich der Ostsee fand. Und erst diese Prägung brachte überhaupt ein Bewusstsein für so etwas wie eine Kindheitslandschaft hervor. Man vergisst nur zu oft, wie vielfältig und ungeordnet die Einflüsse sind, wenn man immer vom Ursprung her denkt und der Herkunft eine solche Bedeutung beimisst.

Dabei überlagern sich landschaftliche Prägungen, wie sich Sprachen, Fragmente unterschiedlicher Glaubensrichtungen und Überzeugungen, verschiedenerlei Begehren und Vorstellungen vom eigenen Körper einander in einem einzelnen Menschen überlagern, widersprechen und ergänzen. Zu Kalkstein und Wacholder dieser besonderen Insel jedenfalls habe ich jene »tiefe, beständige Bindung«, wie Macfarlane sie auch bei erinnerten Landschaften sieht, die intensiver werden könne, je ferner man ihnen sei.

Die blinde Besessenheit, die Terroristen, Autokraten, aber auch Eiferern und radikalen Religionsführern zueigen ist, dürfte Menschen mit einem Gespür für die komplexe Beschaffenheit ihrer inneren Landschaften wohl grundsätzlich fremd sein.

Sich den Konsequenzen einer Haltung zu fügen, die andere abwertet, kann zur Selbstabschaffung führen. Solange ich also eine Stimme habe, werde ich herrlich respektlos sein gegenüber allem, was mich unsichtbar machen und vernichten will.

(2016)

Sprache, das Werkzeug

Die Rede von einer dezidiert deutschen Literatur erschien mir immer merkwürdig. Als Jugendliche trug mich gerade das Lesen über alle Grenzen hinweg. Wo aus dem einen Land und seiner ideologiegetränkten Sprache nicht herauszukommen war, öffneten die Bücher andere Gegenden, andere Zeiten, andere Denkweisen. Kurz: Da war Weite. Frische Luft. Warum also sollte sich eine Literatur in nationalsprachlicher Begrenzung verrammeln und verriegeln?

Natürlich las ich zunächst auf Deutsch, in Übersetzung, aber doch mit dem Wunsch, den Originalsprachen – oder wenigstens der Sprache meiner Lieblingsautor*innen – möglichst bald auf die Spur zu kommen. (Und gefielen mir nicht jene Bücher am besten, die aus einer fremden Sprache übersetzt waren, dabei aber Originalzitate einer zweiten fremden Sprache enthielten, in deren Raum sich die Geschichte zutrug? »Giovanni's Room« etwa, von James Baldwin, aus dem Englischen ins Deutsche übersetzt, enthielt großzügige, mir unverständliche französische Dialogpassagen, die das Geschehen atmosphärisch öffneten, denn der Roman spielt in Paris.)

Heute denke ich: Als deutschsprachige Autorin bin ich nicht verpflichtet, sogenannte deutsche Romane zu schreiben. Ich frage mich auch, wo die Romane bleiben, die in mehreren Sprachen verfasst sind. Oder doch in mehr als einer. Hieß es nicht schon im letzten Jahrhundert, dass die Sprache selbst unermüdlich das Konzept vom Ursprung in Frage stelle; die Abgrenzbarkeit der einen von der anderen sowieso? Stellt das nicht auch die angeblich unabdingbare Bindung einer Autorin, eines Autors an die Muttersprache in Frage? Schreiben nicht immer mehr Autor*innen gerade nicht in ihrer Muttersprache?

Wenn es mir als Schriftstellerin *at all* möglich ist, Teil einer literarischen Tradition zu werden, sollten daran Virginia Woolf, Samuel Beckett, Marguerite Duras, Djuna Barnes, Vladimir Nabokov, Hjalmar Söderberg, Daniil Charms und Gertrude Stein mitgeschrieben haben, Herta Müller, Imre Kertész, Kerstin Ekman, Paul Auster, Inger Christensen, Friederike Mayröcker, Mirkka Rekola, Joan Didion, Carson McCullers und Monika Fagerholm; ein literarisches Universum, dessen Grundlage das Übertragen und Übersetzen und in dem das Deutsche eine *språk* unter vielen ist, die gedehnt werden muss, will sie sich aus dem *Swedish*, Russischen, Finnischen oder *Engelska* herausschrauben. Auch von Mayröcker und Herta Müller wird das Deutsche schon gestretcht (und gestresst).

Mein Episodenroman »In den Wäldern des menschlichen Herzens« ist nicht mehrsprachig, auch wenn sich hier und da englische und schwedische Fragmente eingeschlichen haben. Stattdessen spielt er mit der Sprache deutscher Übersetzungen aus dem Amerikanischen. Er ist ein aus dem Übersetzen hervorgegangenes Original. Version einer Version. Er ist eine Subversion der Short Story, wie sie sich als literarische Form zuerst und am nachhaltigsten im amerikanischen Raum entwickelt hat und bei uns im Deutschen gelandet ist: in Übersetzung.

Wie auf Knopfdruck reagierte ein Kritiker: Die Sprache im Roman erschien ihm zu amerikanisiert, der Satzbau, die Formulierungen *denglish.* Was er nicht fragte, war, ob die ungewöhnliche *americanized* Wortstellung beabsichtigt sei und wenn ja, ob das vielleicht eine Funktion haben könnte. Einen Sinn. Ob das nicht vielleicht der Witz an diesem Buch sein könnte. Gewiss, man kann den berühmten Aufsatz von John Barth, »The Literature of Exhaustion«, verpasst haben, der schon in den 1960er Jahren von der *used-upness* realistischer Erzählformen spricht, davon, dass Originalität im Schreiben nur über Variation zu haben ist, über das Auffrischen der Form mit Hilfe des Spiels, der Komposition, des Kommentars, der Übersetzung, des Zitats. Man muss auch Roland Barthes' Einlassungen nicht kennen, der die Macht einer Autorin einzig in der Kombination von Schreibweisen sieht, weil für ihn Texte multidimensionale Räume verschiedenster kultureller Schreibweisen darstellen und sich der Vorgang des Schreibens nicht aus einem inneren Genius, sondern aus einem immensen Wörterbuch speist, bei dem aus allen Richtungen in alle übersetzt und zitiert werden kann. Schon gar nicht muss man das Aushebeln etablierter Erzählstrukturen für formal und politisch subversiv halten, für einen revolutionären Akt, wie Julia Kristeva es tut.

Aber zumindest die Leuchtboje »Hemingway« gleich zu Beginn meines Episodenromans hätte besagtem Kritiker ins Auge springen können (erste Seite, siebte Zeile von oben). Das ist eine überdeutliche Setzung, und doch wird sie übersehen. Hemingway. So heißt das schwedische Kanucamp, in dem die erste Episode spielt. Das ist an sich ein seltsamer Name für ein Kanucamp. Interessant wird es, wenn man ihn als einen Hinweis liest, wozu Kritiker, wenn es um das ihnen vertraute literarische Feld kanonisierter Literatur geht, ja durchaus in der Lage sind. Der Name ist Richtungspfeil für Kommendes. *Disgustingly american* (meine Formulierung, der Kritiker war vorsichtiger – und schrieb ja auf Deutsch) ist vor allem die Erzählform, die die deutsche Sprache meines gesamten Buches stresst: die Short Story.

Die Short Story, wie sie sich zu Beginn der amerikanischen Moderne ausprägte, zeichnet sich durch eine verknappte, reduzierte Sprache aus, durch begrenztes Personal, eine hohe Gegenwärtigkeit (möglichst keine Rückblenden oder Vorgriffe) und einen zentralen Konflikt, der sich häufig um die Zerrüttetheit heterosexueller Bindungen vor dem Horizont kapitalistischer Verdinglichung der Gefühle dreht, Nüchternheit, *matter-of-factness*, Desillusioniertheit. Als solche hat sie sich längst als durchsetzungsstarke, globale Erzählform etabliert. Ihre Bindung an weiße, heterosexuelle, patriarchale Männlichkeitsbilder bleibt oft undiskutiert, ebenso ihre Produktionsbedingung einer weißen, heterosexuellen, männlichen Autorschaft. Die Spitze des Eisbergs ist nicht weiblich. Oder transgender. (Sie hat auch keinen Migrationshintergrund.)

Scheinbar natürliche Erzählformen – wie die Short Story – sind als Konventionen der Repräsentation unwiderruflich mit Ideologien verknüpft. Wer sie unterwandert, rüttelt also auch an scheinbar natürlichen Gegebenheiten – muss eine deutsche Autorin zwangsläufig einen deutschen Text auf Deutsch schreiben? Was macht einen Text zum deutschen? Die Sprache? Das Biodeutsch-Sein der Autorin? Handlungsorte in Brandenburg, Hessen oder Nordrhein-Westfalen? Der Holocaust? Figuren mit FAZ-geprägtem Zeitgeist, eine Wertschätzung des Grundgesetzes? Seine romantischen oder aufklärerischen Einflüsse? – »Es gibt keinen Grund, warum ein amerikanischer Schriftsteller einen amerikanischen Roman schreiben sollte. Es ist für ihn genauso schwer, einen deutschen Roman zu schreiben«, sagte Adam Thirlwell.

»In den Wäldern des menschlichen Herzens« unterwandert die Form der Short Story nicht deshalb, weil ich mich als deutsche Muttersprachlerin einer uramerikanischen Form bediene –, das ist eine international geläufige und wegen der guten Wiedererkennbarkeit gern mit Preisen bedachte literarische Praxis. Sondern mir stand etwas anderes vor Augen, ein Kommentar zur Form selbst mit all ihren Implikationen, mit ihren Gender-Codes, ihren Bildern von Männlichkeit und Weiblichkeit. Eine von untenher kommende Strömung entgegen der Fließrichtung schwebte mir vor, so dass sich Stromschnellen bilden, die den Lesefluss aufpeitschen und durcheinanderbringen, bis er über die Ufer tritt und sich das Flussbett schließlich in ein Delta verwandelt.

Ich begnügte mich mit wenigen Figuren und stattete sie zunächst mit den üblichen Problemen aus. Sie sind abgeklärt und desillusioniert, fühlen sich unfrei und ausgesetzt, Beziehungen gehen in die Brüche, Begehren stachelt sie auf. Zugleich ließ ich sie aber unterwegs sein zwischen Sprachen, Ländern und Landschaften ebenso wie zwischen Sexualitäten und Geschlechtern. Auf ihren geographischen, erotischen und körperlichen Wanderungen verlassen sie die alten erzählerischen Bahnen, wobei sich die Frage, wo sie verwurzelt sind, welche ihre Muttersprache und was ihr scheinbar naturgegebenes Geschlecht und Begehren, als gegenstandslos, wenn nicht unsinnig erweist. Vor allem das heterosexuelle Bild der zwei, einander entgegengesetzten Geschlechter nahm ich aufs Korn. Damit verschoben sich auch die Verhältnisse zwischen den Figuren und gerieten außerhalb traditionellen Fahrwassers.

Die Sätze eines Carvers, Hemingways, Fitzgeralds hängen mir, seit ich sie im jugendlichen Alter las, als deutscher Sound im Ohr. Dieser Sound ist also weniger amerikanisiert, denn *germanized*, und er wäre ein anderer, hätte ich Hemingways oder Fitzgeralds Texte zuerst im Schwedischen oder im Russischen gelesen oder hätten andere Übersetzer*innen mit dem Sprachgefühl einer anderen Zeit die Texte ins Deutsche übertragen.

Wenn ich nun der Machart einer typischen Short Story (sagen wir von Hemingway) bis in den Satzbau hinein folge, um sie auszuhöhlen, übersetze ich eine deutsche Übersetzung ins Deutsche, bemächtige ich mich einer Version, die, indem sie Kunstsprache ist, auch ein Original darstellt: dieses Short Story-Deutsch haben die Übersetzer*innen erfunden.

Die Kürze, die Knappheit, das Stakkato und die besondere Abgehacktheit, die modalen Nebensatzkonjunktionen, diese stilistisch früher einmal verpönten Wiederholungen von Satzanfängen mit demselben Subjekt, die Wiederholung von Worten, die schlichten, manchmal durch »und« verbundenen Hauptsätze, die endlosen *sagte er/sagte sie*-Ausleitungen der Dialoge. All das klingt im Englischen trotz Schnörkellosigkeit immer noch geschmeidig. Allein rhythmisch ist es schon ein Unterschied, ob ich sage »Beyond the hills he knew the moon was coming up« oder »Er wusste, hinter den Hügeln kam der Mond herauf«. (Vielleicht fällt es meiner amerikanischen Übersetzerin deshalb schwer, die Episoden aus dem »Wälderbuch« ins Englische gewissermaßen zurückzuübersetzen.)

Übersetzen als solches spiegelt außerdem einen gesellschaftlichen Vorgang, der für unser Verständnis von Geschlecht wesentlich ist: Indem wir bestimmte Gesten, Handlungen, Äußerungen endlos wiederholen, also die in einer Gesellschaft vorhandenen Geschlechtercodes ins individuell Körperliche hinein übernehmen, wird der Anschein des Natürlichen und Unveränderbaren erweckt. Ein Vorgang pausenlosen Übersetzens, der einen Naturalisierungseffekt erzeugt. »Kein Zustand ist natürlich, er ist immer gewünscht«, schreibt Christina von Braun in »Blutsbande«.

Die erste Episode des »Wälderbuches« trägt den Titel »Der Anfang von Etwas« und erzählt dort weiter, wo Hemingways Story »Das Ende von Etwas« (»The End of Something«) mit dem Auseinanderbrechen einer heterosexuellen Liebesbeziehung aufhört. Nick, Hemingways Held, hat seiner Geliebten »alles beigebracht«, das Fischen, das Lieben, er hat ihr die Welt erklärt und verspürt nun Überdruss. Sie wird ihm lästig. Denn nun, da sie weiß und kann, was er weiß und kann, schwindet sein Gefühl von Überlegenheit, das durch ihre Bewunderung bisher gespeist worden war.

Meine Geschichte hält Hemingways Geschichte einen Spiegel vor. Auch in »Der Anfang von Etwas« geht eine Liebesbeziehung beim Fischen zu Ende: Katja trennt sich von René. Dass es sich hier auf den ersten Blick um zwei Frauen handelt, liegt als Unterschied zu Hemingways Geschichte offen zutage. Interessanter wird der Unterschied, sobald sich herausstellt, dass Katja eine Wandlung durchläuft. Im Laufe des Buches erfährt sie, gewissermaßen hinter dem Text, denn das wird nicht erzählt, eine Geschlechtsangleichung. In der letzten Episode begegnet sie uns als Katt. Katja, dem Anschein nach also zunächst eine Frau, die eine Frau liebt, stülpt die Figur des männlichen Nick körperlich und psychisch um; eine »Generalüberholung«, die sie schließlich zu Katt, einem Transgender, werden lässt. Hinzu kommt, dass Katjas Überdruss von etwas anderem herrührt als Nicks. Katja ist ebenjener Nick-Welt mit ihren heterosexuellen Erklärungsmustern, den Hierarchien und Dogmatismen romantischer Beziehungen überdrüssig, wie in den Dialogen deutlich wird, die Hemingways Dialoge subvertieren. Die Suverbsion besteht in einem in ihnen verborgenen Meta-Kommentar. »Ich habe dir alles beigebracht«, lässt Hemingway seinen Nick sagen. »Du weißt alles. Das ist das Unglück.« Katja hingegen sagt: »Du weißt alles. Und ich weiß alles. Man hat uns alles beigebracht. Das ist das Unglück.« Damit spielt sie auf gesellschaftliche Gegebenheiten und Konventionen an, auf eine hinter den Dingen liegende Struktur. Katja ist nicht Rénes überdrüssig geworden, sondern des Gefühls, in vorgegebenen sprachlichen und emotionalen Mustern gefangen zu sein.

Die für die Short Story typische personale Erzählhaltung, die bei Hemingway treu an Nicks Seite ausharrt und uns Marjorie, die Geliebte, nur durch seine Augen sehen lässt, übernehme ich zunächst. Erzählt wird aus Katjas Perspektive. Aber nach einer Weile wechselt die Erzählperspektive wie nebenbei zu Réne. Auf diese Weise werden nicht nur beide Figuren in ihr Recht gesetzt, sondern es wird auch deutlich, dass der Grund ihrer Trennung nicht das Problem der einen oder der anderen ist, also kein individuelles, sondern vielmehr ein strukturelles: Sie hängen beide in einem Netz aus Geschlechter- und Begehrensvorstellungen fest, die ihnen nicht entsprechen. Ein Netz im Übrigen, das auch von Erzählformen wie der Short Story immer von neuem gewoben wird und so den Anschein des Natürlichen erweckt. Zum anderen nimmt der Wechsel der Perspektive den Wechsel des Geschlechts auf inhaltlicher Ebene gewissermaßen vorweg.

Meine Sätze schmiegen sich denen der Übersetzung eng an. Zugleich aber verstehe ich sie als ihre Bestürmung und Umkehrung und, ja, auch als eine Beunruhigung und Quälerei der hierarchischen heterosexuellen Setzung innerhalb der Short Story. Denn nicht das rein formale Spiel fern dem Leben interessiert mich. Die Form ist aufgeladen mit der leidenschaftlich ernsten Auseinandersetzung zweier Figuren mit einer Welt, die ihnen in ebensolchen, ideologisch genormten Erzählformen gegenübertritt. Auch die Liebe ist schlussendlich Repräsentation von Liebe.

Wie das konkret aussieht, soll hier beispielhaft an einer Szene verdeutlicht werden. Das Paar sitzt am Feuer und unterhält sich – im englischen Original »The End of Something« /, in der Übersetzung von Annemarie Horschitz-Horst »Das Ende von Etwas« / und in meiner Geschichte in »Der Anfang von Etwas«.

> Marjorie sat on the blanket with her back to the fire and waited for Nick. / Marjorie saß auf der Decke mit dem Rücken zum Feuer und wartete auf Nick. / Sie setzte sich mit dem Rücken zum Feuer und wartete auf Katja.
>
> »There's going to be a moon tonight«, said Nick. He looked across the bay to the hills that were beginning to sharpen against the sky. Beyond the hills he knew the moon was coming up. / »Heute abend gibt's Mondschein«, sagte Nick. Er sah über die Bucht hinweg nach den Hügeln, die sich scharf gegen den Himmel abzuzeichnen begannen. Er wusste, hinter den Hügeln kam der Mond herauf. / »Bald kommt der Mond raus«, sagte Katja. René sah über die Bucht hinweg zu den Linien, die das Land auf der anderen Seite markierten. Die Linien hoben sich scharf gegen den Himmel ab. Sie wusste, dahinter kam jeden Moment der Mond hoch, denn auch solche Dinge wusste man beim zweiten Mal.

»I know it«, Marjorie said happily. / »Ich weiß«, sagte Marjorie vergnügt. / »Ich weiß«, sagte sie vergnügt.

»You know everything«, Nick said. / »Du weißt alles«, sagte Nick. / »Du weißt alles«, sagte Katja.

»Oh, Nick, please cut it out! Please, please don't be that way!« / »Ach bitte, Nick. Lass das. Bitte, sei nicht so.« / »Hör doch auf.«

»I can't help it«, Nick said. »You do. You know everything. That's the trouble. You know you do.« / »Ich kann nichts dafür«, sagte Nick. »Es ist doch so. Du weißt alles. Das ist das Unglück. Du weißt es.« / »Ich kann nichts dafür«, sagte Katja. »Du weißt alles. Und ich weiß alles. Man hat uns alles beigebracht. Das ist das Unglück. Wir sind hier nur zwei Figuren, die die Arschkarte gezogen haben.«

Marjorie did not say anything. / Marjoire sagte gar nichts. / René sagte gar nichts.

»I've taught you everything. You know you do. What don't you know, anyway?« / »Ich habe dir alles beigebracht. Du weißt, dass es so ist. Überhaupt, was weißt du eigentlich nicht?« / »Was wissen wir eigentlich nicht? Wir haben nichts neu erfunden. Wir können nichts neu erfinden, weil alles schon da ist. Wie diese blödsinnigen Nationalhymnen, die einem nicht mehr aus dem Kopf gehen.«

»Oh, shut up«, Marjorie said. »There comes the moon.« / »Ach, sei doch still«, sagte Marjorie. »Da kommt der Mond.« / »Sei still«, sagte René. »Sei einfach still.« Und dann: »Da kommt er.« – »Klar kommt er. Was denn sonst.«

They sat on the blanket without touching each other and watched the moon rise. / Sie saßen auf der Decke, ohne sich zu berühren, und sahen zu, wie der Mond aufging. / Sie saßen auf der Decke, ohne sich zu berühren, und sahen zu, wie der Mond aufging.

Interessant in diesem Zusammenhang ist die Tatsache, dass Hemingway zu einer solchen Subversion geradezu einlädt. In seinem posthum erschienenen, unvollendeten Roman »Der Garten Eden« schickt er ein junges heterosexuelles Paar an die französische Atlantikküste und treibt es in eine Auseinandersetzung mit Geschlechter- und Begehrensstrukturen hinein. Eines Tages lässt sich die junge Frau ihre Haare so kurz scheren, wie der junge Mann sie trägt, und färbt sie genauso blond. Sie möchte ihm gleichen. Und nicht nur das. Sie möchte von ihm als Junge gesehen werden, nicht allein äußerlich. Sie möchte von ihm als Junge begehrt und geliebt werden. Bei Hemingway scheitert dieser Versuch einer Übertretung. Aber er lädt dazu ein, einen neuen Blick auf scheinbar etablierte erzählerische Verhältnisse zu werfen.

Man könnte auch sagen: Es gilt, den Formen und Formeln und Formulierungen, in denen uns die Sprache durchdringt, immer mal wieder auf den Grund zu gehen, unabhängig davon, welche gerade als Werkzeug zur Verfügung steht. Zugunsten der Weite. Frischer Luft.

(2017)

Lieber Theodor Fontane,

vor einiger Zeit betrat ich einen Buchladen auf der Suche nach Ihren »Wanderungen durch die Mark Brandenburg«. Ich wollte selbst ein Buch über den Landstrich schreiben, in dem ich geboren wurde. Um ihn besser zu verstehen, hatte ich vor, Sie zu befragen. Schließlich sind Sie der Erste, der dieses Sumpf-und-Sand-Land profund literarisch erschlossen und den Menschen, die dort leben, ein eindrückliches Charakterbild maßgeschneidert auf den Leib geschrieben hat.

Es war ein mittelgroßer Buchladen in einer mittelgroßen brandenburgischen Stadt. Ihre Bücher gab es nicht. Nicht in den Regalen für Literatur. Nicht bei der Reiseliteratur. Nicht bei den Klassikern, einem winzigen Eckchen, wo nur Platz für Ihren Kollegen Kleist war (war gerade Kleist-Jahr?). Auf den Tischen für die Laufkundschaft würden Sie nicht zu finden sein, das ist nicht Ihr Stil, obwohl Sie sich auch im Krimifach ausprobiert haben. Sie sind zwar in gewisser Weise volksnah, schauen in Ihren Dialogen den Menschen »aufs Maul« und sind in Ihren Schilderungen vom Bastkäfer bis zum Faulbaum und vom alten

Zieten bis zur Brigade Hünerbein so detailreich, faktengesättigt und historisch informiert, dass Sie jene Art von Lesern beglücken, die die Literatur als Wissenslieferanten sehen (im Gegensatz zu jenen, die von ihr zum Denken angeregt werden wollen). Für ein Mainstreampublikum ist Ihre Sprache allerdings nicht schlicht genug. Und Sie brauchen für alles zu lange. Verzeihen Sie. Erträgt man Ihre Längen, können Sie sehr komisch sein!

Ihr Humor ist, wenn er aufblitzt, von der unschlagbaren Trockenheit brandenburgischen Karnickelsandes. Die Havel als »Flachland-Neckar« zu bezeichnen, die von der Form her aussehe wie »jene primitiven Schaukeln aus Kindertagen, die aus einem Strick zwischen zwei Apfelbäumen bestanden«, hat lyrischen Witz. Die Beschreibung des Örtchens Brieselang als so platt, dass »die Maulwurfshügel für alles aufkommen müssen, was Berglinie heißt«, ruft mir lebhaft die Wochenenden meiner Kindheitssommer vor Augen, an denen mein Vater den Wasserschlauch in all den Maulwurfshügeln auf dem Brieselanger Grundstück versenkte.

Auch Ihre unangepassten Frauenfiguren gefallen mir. Effi Briest, die Sie hintersinnig in einen »Jungenkittel« stecken und auf der Schaukel nach den Sternen greifen und aussehen lassen wie einen »Schiffsjungen«, als hätten Sie schon gewusst, was ein Tomboy ist, liest sich frisch, wie eine Attacke auf heteronormative Geschlechterrollen und die bürgerliche Ehe (wegen Letzterem schaffte es der Roman in der DDR wohl auf die Lehrpläne). Wenn mich nicht alles täuscht, haben Sie mit Effi tatsächlich eine der ersten Tomboys in die deutsche Literatur hineingeschrieben, und ich wünschte, im Schulunterricht der elften Klasse hätte mich jemand darauf hingewiesen. Dann hätte mir das Lesen Ihres Romans schon damals weitaus mehr Vergnügen bereitet.

Manchmal aber sind Sie schollenschwer, sind Sparsamkeit oder Schonungslosigkeit in der Darstellung nicht Ihre Stärke, schreiben Sie als 75-Jähriger Ihre junge imaginierte Weiblichkeit ins Verderben hinein; nicht anders als alle Ihre Kollegen zuvor. Sie waren eben nicht nur ein Mensch, sondern vor allem auch ein Mann Ihrer Zeit, und ein Blick in die Geschichte zeigt, dass es schwerer zu sein scheint, das Männliche, als das Menschliche abzulegen. Haben Sie das geahnt bei Ihren Recherchen auf den Schlachtfeldern Preußens? Mir kommt es vor, als hätten Sie die männlichen Abstammungsfolgen preußischer Armeenomenklatura nicht unabsichtlich so akribisch in ihren »Wanderungen durch die Mark Brandenburg« notiert. Als wollten Sie mahnend darauf hinweisen, dass neben Kiefern und Birnbäumen jede Menge Stammbäume preußischer Generäle im märkischen Sand wurzeln; ein Sand, der den Frauen nie gehörte. Aber nein. Weit haben Sie sich nie aus dem Fenster gelehnt. Fürs Visionäre waren Sie am Ende zu konventionell.

Im Buchladen jedenfalls fragte ich die junge Angestellte nach Ihnen. Sie schaute mich an, nicht unfreundlich, bloß ohne jede Regung. Ich sagte noch einmal: »Ich suche die Wanderungen von Theodor Fontane.« Wortlos ging sie zu einem Computer. Ich ging ihr hinterher.

»Wie soll der heißen?«

»Sie wissen schon, Fontane.«

Sie tippte, wir warteten, sie sagte: »Gibt's nicht.«

»Sie meinen, Fontane ist nicht lieferbar?«

»Nee, den gibt's nicht.«

»Machen Sie keine Witze. Der Mann war Schullektüre.«

»Wenn ich sage, den gibt's nicht, gibt's den nicht.« Sprach's und ging zur Kasse, wo jemand einen Krimi kaufen wollte. Ich hatte einen freien Blick auf den Computer. Als Suchbegriff hatte sie eingegeben »von Tane«.

Ich erzähle Ihnen, lieber nobler Herr von Tane, diese Begebenheit nicht, um Ihnen die Jubiläumslaune zu verderben. (Ich weiß aus Erfahrung, wie ärgerlich es ist, wenn der eigene Name falsch geschrieben oder ausgesprochen wird! Es gehört zur Würde des Menschen, mit dem richtigen Namen angesprochen zu werden, usw.) Sondern ich möchte, dass Sie keinen falschen Eindruck bekommen. Von uns. Von uns Brandenburger*innen. Nicht dass Sie am Ende denken, Sie hätten sich geirrt und müssten einen Teil Ihres Werkes umschreiben. Denn mittlerweile habe ich die »Wanderungen durch die Mark Brandenburg« gelesen. Wenn Sie angesichts der vielen Geburtstagspost auf den Gedanken kommen sollten, wir hätten uns gründlich geändert und wären nun redselige, aufgeschlossene, dem Leben und anderen herzlich zugewandte, tolerante, umgängliche und fröhlich ihren 200. Geburtstag feiernde Gäste, seien Sie beruhigt: Wir sind immer noch so unausstehlich. Mürrisch, ignorant und unzugänglich. Aber treu. Sie haben uns das so auf den Leib geschrieben, und das auf den Leib Geschriebene wird man so schnell nicht los.

Deshalb dürfen Sie der Verkäuferin im Buchladen nicht böse sein. Ihr Verhalten kündet von der tiefen Skepsis gegenüber allem Menschlichen, speziell seinem Ausdruck, der Sprache. Wenn eine Kundin Fontane nicht findet, der auf alle Fälle vorrätig ist, schließlich liegt der Laden im Märkischen, kann das nur heißen, dass die Kundin einen anderen Autor im Sinn hat, nicht Sie. Ein Missverständnis. Das wortreich abzuklären bringt nichts, findet die Verkäuferin, denn Reden kostet Energie. Auch verursacht das Sprechen nur weitere Missverständnisse. Dass sie noch nie von Ihrem Namensvetter gehört hat, wundert die Verkäuferin ganz und gar nicht. Ihr ist klar: Es wird sich da um einen Debütanten handeln. Schließlich schwimmt man hier nicht gleich kopflos auf jeder neuen Welle mit. Gesundes Misstrauen, nüchternes Prüfen verringern das Risiko, dass dieser Autor oder jene Autorin, entschließt man sich endlich, sie ins Sortiment zu nehmen, längst wieder aus der Mode sind. Namen? Schall und Rauch! Abgesehen natürlich von Ihrem, lieber einziger Herr Fontane.

(2019)

Die große Elchwanderung

In jenem Jahr, als wir nicht mehr ignorieren konnten, dass unser Dasein auf der Erde nicht grenzenlos und unerschöpflich ist, als der Himmel, frei von Flugzeugen, die Dimensionen seiner Stille offenbarte, als die Vögel deutlicher als je zuvor zu hören waren und mitten in der Großstadt die Luft, frisch und feinstaubfrei, nach Urlaub roch und das Tempo der Straßen und Gespräche sich verlangsamte, im Jahr des Zuhausebleibens, des Sichbeschränkens, eines sich verengenden und vertiefenden Bewegungsradius, der Rücksichtnahme und des Aufhörens, kamen die Tiere zurück.

Zuerst waren es Rehe, die mitten auf der Autobahn standen, im Mai, gegen Mitternacht, als die Abstände zwischen den Fahrzeugen so groß waren, dass die Fahrbahn immer wieder minutenlang verwaist dalag. Sie sprangen nicht eilig in die Böschung. Sie standen dort, als hielten sie diesen Streifen Beton in den havelländischen Wiesen nun wieder für ihr Revier, jedenfalls in diesen Minuten tief in der Nacht.

Dann liefen auf der anderen Seite der Welt Pinguine durch ihren eigenen Zoo, als wären sie zu Besuch. Beim Betrachten ihrer Gefährt*innen hinter Glas und Zäunen schienen sie in tiefes Nachdenken versunken. Und wenig später - seit Wochen gingen die Tage ereignislos ineinander über, der Ablauf der Abende war monoton geworden - stieß ich im schwedischen Fernsehen auf eine Prozession der Elche.

Zwischen April und Mai überqueren Elche auf ihrer Wandung zu den saftigen Sommerwiesen im hohen Norden immer an derselben Stelle den Ångermanälven, einen gewaltigen Fluss im schwedischen Norrland. Vier Wochen lang öffnete sich nun, von zwanzig ferngesteuerten Kameras live übertragen, ein ungeheurer Raum, eine Ehrfurcht gebietende Weite. Eine Landschaft der Stille tat sich auf, die alle Stille übertraf, die ich an meinem Schreibtisch, im Refugium des Schreibens, noch in der tiefsten Versunkenheit je erlebt hatte. Die Stille war nicht eigentlich still. Sie war lebendig, durchzittert von Anwesenheit, vibrierend von Handlung und Ereignis, von gemeinsamem, geteiltem Tun. Menschen, die gemeinsam etwas tun, sind nie so still. Selbst im größten Schweigen herrscht Unruhe. Auch leise Bewegungen geschehen häufig laut.

Im Slow-TV, wie die schwedischen Fernsehmacher ihre in 24-stündigen Abschnitten ausgestrahlten Episoden nennen, sind ohne Kommentar oder Musik nur die Geräusche der klaren Luft, das knisternde Fallen nassen Schnees, das Tauen des Flusses, das raschelnde Schwanken der Fichtenkronen, das Schlagen von Flügeln, das Strömen des Wassers zu hören, sind Füchse, Biber und Enten zu sehen, die hereinbrechende Nacht, das Heraufdämmern des Morgens, die hinter Birkenstämmen hervorbrechende Sonne und die zitternden Schatten, die die Elche an sonnigen Tagen auf die Flechten des Waldes werfen.

Der Wind rauscht in den Mikrophonen. Dann ein Eichelhäher. Fasane in der Ferne. So beginnt es.

Mit einem Knacken treten Rentiere aus dem Gebüsch. Im weißgrauen Winterfell springen sie über die aufgebrochenen dicken Eisschollen in den tauenden Fluss. Sie haben es eilig. Paarweise schwimmen sie zuckelnd ans andere Ufer, wo, kaum sind sie dem Blick entschwunden, schimmernd dunkelbraun gefellt fünf große, schattenhafte Tiere im Abenddämmer erscheinen. Schnee hält das Eis dort noch besetzt. Umsichtig, nicht zaghaft, tritt ein Elch nach dem anderen ins Offene. Dann verharren sie, ruhig, in unregelmäßiger Reihung auf der weißen Fläche im Fluss, die geschwungenen Widerriste dunkel, die lang gestreckten Köpfe ohne Geweih, das erst im Frühjahr wieder wächst, auf beinahe zarten Hufen. Lange bleibt das Bild, während das tiefe Blau des Abends dunkler wird.

Die Elche eilen nicht. Einer streckt seine weiche Muffel ins dornige Gestrüpp einer schneefreien Insel, ein anderer, Nachzügler zwischen den Fichten, schält

Rinde vom Baum; mehr ist in der verschneiten Weite an Essbarem nicht zu finden. Elche haben neun Mägen, in denen sie Gräser, Knospen, junge Triebe, Beeren und Blätter verdauen. Ihr Wiederkäuen klingt, als würde Holz auf Holz gerieben. Der Erste in der Reihe dreht sich schließlich um, wie prüfend, ob noch alle da sind, taucht einen Vorderlauf tastend in den Strom, dann staksen sie nacheinander ins brusttiefe Wasser. Zum Schwimmen ist die Stelle zu flach. Sie könnten schwimmen. Elche lieben die Kühle der Fluten. Sie können sogar tauchen, bis zu sechs Metern tief, weil die Nasenlöcher so beschaffen sind, dass sie wie Klappen unter Wasser einfach geschlossen werden können.

Von nahem sind die Rosenstöcke an den Köpfen der Bullen auszumachen, braune Knochenauswüchse zwischen Augen und Ohren, aus denen im Laufe des Sommers die Geweihschaufeln wachsen. Wieder an Land, lagern die Elche mit nassem, struppigem Fell zum Ausruhen auf Moosen und Blaubeergestrüpp, da beginnt es zu schneien, der nasse Schnee des beginnenden Frühlings.

Ihr Kauen, ihr Liegen, selbst ihr Gehen ist von eleganter Ruhe. Manchmal stehen sie nur da, zwischen den Birken, neben ein paar Flecken Schnee, und schauen. Und nehmen Witterung auf, aber auch das fast ohne Regung, lautlos, mühelos. Elche sind halb blind, doch ihr Geruchssinn ist hochsensibel. Im Maul besitzen sie ein zusätzliches Geruchsorgan in Form zweier Vertiefungen im Gaumendach. Um es zu benutzen, ziehen sie die Oberlippe hoch. Sie schauen. Sachte drehen sich die runden Ohren hin und her, wie pelzbesetzte Antennenschüsseln. Die Körper stehen hochaufgebockt auf schlanken Beinen. Das Fell ihrer Hinterläufe ist hell, noch grauweiß wie der Schnee, als würden sie Seidenstrümpfe in schwarzen engen Knöchelschuhen tragen, und so laufen sie auch; mit tänzerischer Leichtigkeit, in Ballettschritten beinahe, auch übers Eis. Nichts von jener Schwere, die ihnen oft nachgesagt wird, weil sie so groß sind – bis zu zwei Meter hoch und bis zu drei Meter lang können sie werden – oder weil sie so schattenhaft reglos und überraschend plötzlich mitten auf Fahrbahnen stehen, erschreckend für alle, die ihnen mit dem Auto begegnen. Laut schwedischer Statistik geschieht das fünftausendmal im Jahr. Zwischen Fichten und Moosen, auf Felsen und Flechten in der Wildnis des Ångermanälven ist selbst ihr Traben noch Ausdruck leichtfüßiger Wendigkeit.

24 Stunden am Tag ist es still bis auf den Wind, das leichte Rauschen der Bäume, das Rufen eines Auerhahns. Die Elche hört man nicht, nicht einmal das Knacken eines Astes, als sie sich im Dunst der schmalen Baumstämme verlieren. Kaum ein Geräusch kündet vom Kreuzen dieser Tiere.

Nur sehr langsam fand ich danach an meinen Schreibtisch zurück.

Und stellte fest: Ich war einem Trugschluss aufgesessen, und als ich mir die letzten Sequenzen noch einmal anschaute, bemerkte ich, dass es in der Nähe eine Straße gab. Was ich für ein Auffrischen des Windes gehalten hatte, stellte sich als Brummen eines schweren Lkws heraus, der am oberen Ende des Bildausschnittes, der Sicht entzogen, aber jetzt deutlich hörbar, vorbeidonnerte.

Die Präsenz der Menschen ist nirgendwo mehr wegzudenken. Überall ist es laut. Auch ich war mit meinem Blick, der die Einmischung eines ganzen Filmteams, von Techniker*innen und Redakteur*innen, das Anbringen von Kabeln und technischem Gerät erforderlich machte und eine Erhöhung der Strahlungsintensität verursachte, in ihr Refugium eingedrungen, ohne dass die Elche die geringste Chance gehabt hätten, das zu verhindern. Die Kameras machten uns alle anwesend. Immer mal wieder hatte mir einer der Elche direkt in die Augen geschaut, intensiv und lange. Die merkwürdige Vorrichtung in den Bäumen musste zu spüren oder zu wittern sein, feine Schallwellen, die dem untrüglichen Sensorium der Tiere nicht entgehen konnten, auch wenn die Kameras verborgen waren. So dumm waren sie nicht. Beinahe lächelnd drehten sie daraufhin die Ohren weg und zogen lautlos weiter.

Früher waren mir Tiere weitgehend gleichgültig. Ich hatte keinerlei Bezug zu ihnen. Und wenn es ein Interesse gab, wie ich es eine Zeitlang für Pferde aufbrachte, beruhte es auf Eigennutz und falschen Annahmen. Was Tiere betraf, war ich im Grunde so ahnungslos wie Plinius, der einige Jahre vor unserer Zeitrechnung behauptete, die Oberlippe von Elchen wäre so groß, dass sie rückwärts äsen müssten. Oder wie Schiller, der fest daran glaubte, dass sich unter dem Kinn des Elches ein Hautbeutel mit heißem Wasser befinde, mit dem er Angreifer bespritze, »ein Koller aus Elendshaut«, schrieb er im »Wallenstein«. Und Julius Cäsar war der Überzeugung, Elche hätten keine Kniegelenke und lehnten sich zum Schlafen an die Bäume, weil das für die Jagd sehr praktisch sei. Man müsse die Bäume nur absägen und könne die »Riesenziegen« einsammeln, weil sie, umgefallen, in Ermangelung von Kniegelenken nicht mehr auf die Beine kämen.

Meine Annahmen mögen auch heute noch falsch sein. Aber ich bin sensibler geworden. Das Zusammenleben mit zwei Katzen hat mich respektvoller und zugeneigt gemacht, die Erfahrungen der Lockdowns rücksichtsvoller, die Wanderung der Elche ganz und gar verzaubert. Seitdem geht mir eine Frage nicht mehr aus dem Kopf: Gibt es ein Refugium ohne Raub? Sich davonzustehlen, sich aus einer unangenehmen, überfüllten, lauten Lage wegzustehlen wie ich aus einer monoton werdenden, zudringlichen Pandemie, bedeutet, Zuflucht zu suchen an einem sicheren, geschützten Ort. Aber diese Orte sind immer schon die Orte anderer, die mein Eindringen ihres Ortes beraubt, so dass auch sie das Bedürfnis haben könnten, sich wegzustehlen. Nur wohin? Wo finden sie noch Schutz, wenn am oberen Bildausschnitt schon wieder eine Straße kreuzt? Und selbst wenn es im Norden noch genug Gelände gibt, genug Wasser, Wälder und Steppen, wie lange ist ihr Schutzraum dann noch kühl genug? Bei über fünf Grad im Winter und über 14 Grad im Sommer leiden Elche an Hitzestress.

Mir fällt die Platzangst ein, die mich vor einigen Jahren während eines Aufenthaltes in Indonesien überkam. Die feuchte Hitze, die dort herrschte, verschlug mir den Atem. Ich konnte nicht flüchten, überall war es heiß und feucht, es gab keine Zuflucht, unmöglich, sich wegzustehlen, und vor Panik fing ich an zu hyperventilieren. Die Luft selbst war es, die mir die Luft nahm. Der Luft war nicht zu entkommen. So, stelle ich mir vor, wird sich das anfühlen, wenn der Schutzraum Erde eines Tages unerträglich ist. Nicht nur für die Elche.

(2020/21)

Quellenverzeichnis

Ankleben verboten! Die Technik der Dichterin in dreizehn Thesen, in: *Neue Rundschau,* Heft 2, 2013.

Dankesrede zum Deutschen Buchpreis 2021, gehalten am 18.10.2021 im Frankfurter Römer, online veröffentlicht auf www.boersenblatt.net.

Gendergewänder: Ein Kuss ist schöner mit ß, in: *Die Welt,* 18.09.2021.

Woolfs Erbe. Nachwort, in: Virginia Woolf: *Ein Zimmer für sich allein,* Zürich: Kampa Verlag, 2019.

Die unerhörte Logik der gleichen Berechtigung. Rede zum Festakt anlässlich von 100 Jahre Frauen in der Politik, gehalten am 18.03.2019 im Museum Barberini in Potsdam.

Mädchen Inbetriebnahme, in: *Kursbuch,* Heft 153, 2003.

Scham, unveröffentlicht, 2013.

Mehr Abenteurer der Hingebung!, in: *Tagesspiegel*, 21.07.2017.

Astrid und Louise. Nachwort, in: Astrid Lindgren, Louise Hartung: *Ich habe auch gelebt! Briefe einer Freundschaft*, Berlin: Ullstein Verlag, 2016.

Selma Lagerlöf, in: *EMMA*, November/Dezember 2017, online nachzulesen unter www.emma.de.

Das Ausstellen der Wunde. Nachwort, in: Anna Garréta: *Sphinx*. Gräfelfing bei München: edition fünf Verlag, 2016.

Überschwärmen der Grenzen. Begleittext zur Aufführung von Heinrich von Kleist »Penthesilea«, in: *Programmheft der Salzburger Festspiele 2018*.

Und was machen Sie abends? *Rheinsberger Bogen Nr. 43*, 2016, hrsg. von Kurt-Tucholsky-Literaturmuseum, Schloss Rheinsberg.

Am Galgenberg, unveröffentlicht, beruht auf Entwürfen aus den Jahren 2016 und 2019.

Sprache, das Werkzeug, in: *Sprache im technischen Zeitalter*, Heft 222, 2017.

Lieber Theodor Fontane, in: *Potsdamer Neueste Nachrichten*, 17.05.2019.

Die große Elchwanderung, in: *all the lonely people*, Spector Books, 2022.

Alle Essays wurden für diese Ausgabe überarbeitet.

Antje Rávik Strubel
Blaue Frau
Roman

Ausgezeichnet mit dem Deutschen Buchpreis 2021

Von einem sexuellen Übergriff unsichtbar gemacht, strandet Adina nach einer Irrfahrt in Helsinki. Dort begegnet sie Leonides, estnischer Abgeordneter der EU, der sich in sie verliebt. Während er sich für die Menschenrechte stark macht, sucht Adina einen Ausweg aus dem inneren Exil. »Blaue Frau« erzählt aufwühlend von den ungleichen Voraussetzungen der Liebe, den Abgründen Europas und davon, wie wir das Ungeheuerliche zur Normalität machen.

432 Seiten, gebunden

Weitere Informationen finden Sie auf
www.fischerverlage.de

AZ 10-397101/1

Antje Rávic Strubel
In den Wäldern des menschlichen Herzens
Episodenroman
272 Seiten. Gebunden

Antje Rávic Strubel erzählt von Reisen in den Mittelpunkt des menschlichen Herzens.

René. Emily. Sara. Katt. Sie sind Liebende, Begehrende, sie sind unterwegs und begegnen einander in finnischen Wäldern, am Stechlin und im Eiswind Manhattans. An einem schwedischen See kommt René die große erste Liebe abhanden. Emily kehrt aus der Mojave-Wüste nicht zurück. Das setzt einen Reigen an Beziehungen in Gang, die zwischen Ländern und Geschlechtern oszillieren.
Antje Rávic Strubel erzählt hellsichtig und leidenschaftlich von den Brüchen, den blinden Flecken und verborgenen Unterströmungen in unseren Vorstellungen von der Liebe.

»Dieser Roman ist wie das Leben selbst:
unendlich kompliziert und doch einfach herrlich.«
Andreas Platthaus, Frankfurter Allgemeine Zeitung

»Das Bestechende von ›In den Wäldern des menschlichen Herzens‹ ist die Eleganz, mit der Strubel von diesem Identitäts- und Begehrenskosmos erzählt.«
Nadine Lange, Der Tagesspiegel

fi 1-002281 / 1

Antje Rávic Strubel
Unter Schnee
Roman
Band 03714

»Eine Sprache wie fein gemeißelt,
knappe Dialoge, kräftige Bilder, eine Atmosphäre, die man beinahe riechen kann. So muss Literatur sein.«
Claudia Müritz, Sächsischen Zeitung

Evy und Vera verbringen eine Woche zum Skifahren in einem kleinen Ort im tschechischen Riesengebirge. Ihre Beziehung ist angeknackst und droht zu zerbrechen, als ein Schneesturm aufkommt, der sie an ihre Ferienhütte fesselt. Das Buch entfaltet sensibel die Liebesgeschichte der beiden Frauen und erzählt vom Untergang einer Gesellschaft und von der Suche nach dem, was bleibt.

»Der eigentliche Held dieses entzückenden Episodenromans ist der Ort Harrachov, dessen Einwohner sich schwejkhaft mit der postsozialistischen Realität arrangieren.«
Ina Hartwig, Frankfurter Rundschau

fi 03714 / 1

ANKLEBEN
VERBOTEN!

1. Halte dich nicht zurück.

2. Widersprich dir.

3. Widersteh der Versuchung, Bedeutsames zu sagen.

4. Vernachlässige dich selbst.

5. Betrachte die Wirklichkeit aus der Schräglage.

6. Deine Sätze sind die Wirklichkeit, trau ihnen nicht.